Unterwegs auf der
Reußischen Fürstenstraße

Unterwegs auf der Reußischen Fürstenstraße

Text von Moritz Fahrner
Fotos von Christian Freund, Frank Rüdiger
und Frank Schenke

ADMOS

Titel:
Schleiz. Bergkirche
Greiz. Oberes Schloß
Ebersdorf. Schloß Ebersdorf
Gera. Kornmarkt

Frontispiz:
Greizer Park mit Blick auf das Obere Schloß, einer ehemaligen Residenz der Fürsten Reuß ältere Linie.

Inhaltsverzeichnis:
Greiz. Sommerpalais im frühklassizistischen Stil

Mitherausgeber: Heinrich XIII. Prinz Reuss, Reußische Fürstenstraße e.V.

Gestaltung: Matthias Dittmann, Mügeln
Lektorat: Steffi Hohensee, Verein „Reußische Fürstenstraße" e.V.
Gesamtherstellung: ADMOS Verlags-AG Leipzig
Printed in Germany 1999
ISBN 3-934042-63-5

Inhalt

Information

Reußische Fürstenstraße e.V.
Straße der Einheit 58
07987 Mohlsdorf
Tel. 0 36 61 / 87 64 24
Geschäftsstelle
Tel. 0 36 61 / 67 41 44

Tourismusverband Ostthüringen
Greizer Straße 39
07545 Gera
Tel. 03 65 / 8 31 01 26
Fax 03 65 / 2 90 02 51
e-mail: Tour-Ost @-online.de,
Internet: http://tourismus-ostthueringen.de

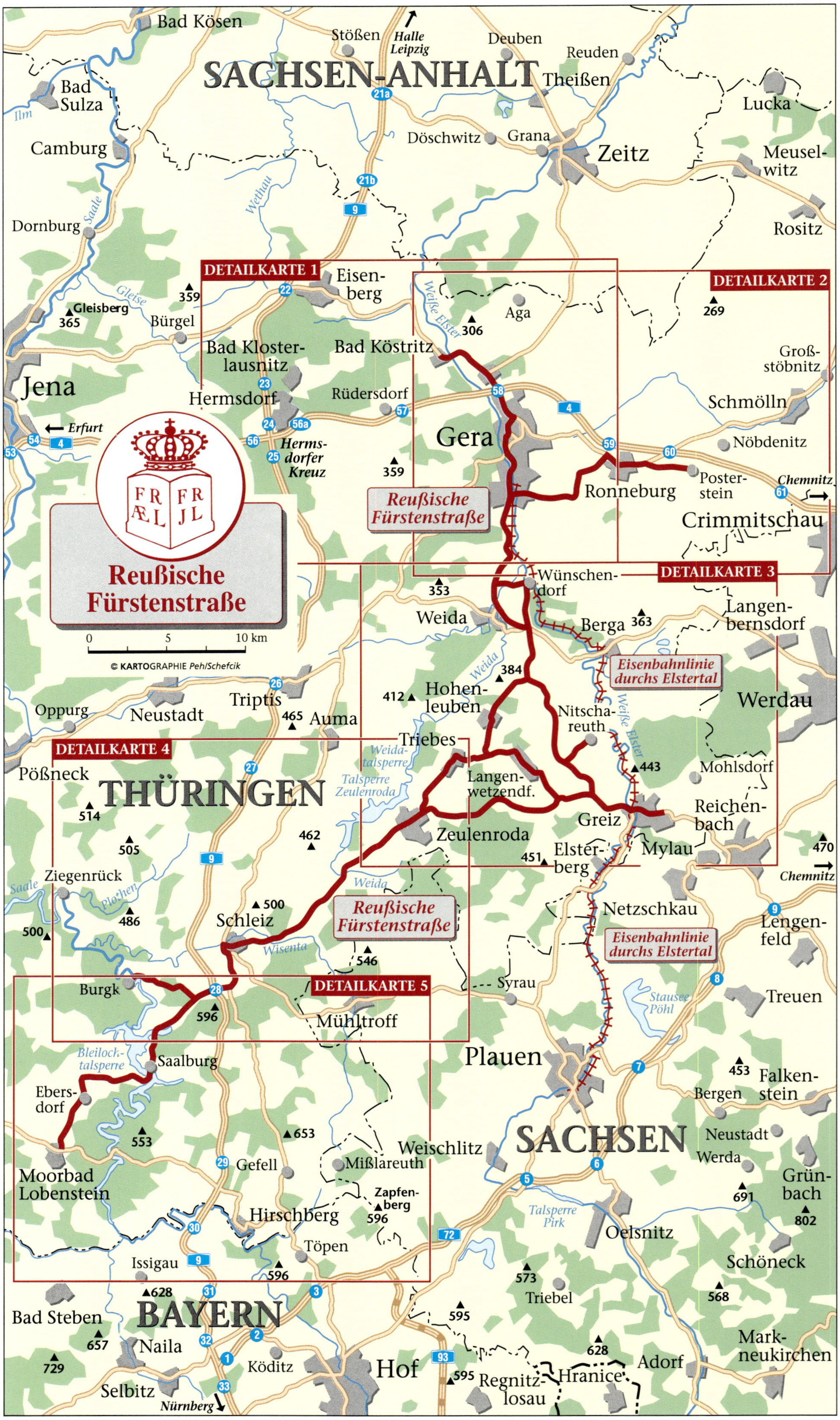

Die Wiederentdeckung der Reußen

Eine Geschichte wird wieder lebendig

Noch gibt es Zeitzeugen, in Gera und Greiz, in Ebersdorf, dem traditionellen Sommersitz der Reußen, und in den kleinen Orten der ostthüringischen Region. Menschen, die Bedienstete am fürstlichen Hof waren oder in anderer Weise für die Reußen gearbeitet haben. Viele allerdings sind es nicht mehr. Aber nicht nur die Kinder, die Enkel und Urenkel der ehemaligen Bediensteten der Reußen wissen Bescheid. Sie überliefern die Geschichten, die sie von ihren Eltern und Großeltern gehört haben. Zum Beispiel die von der hohen weißen Frauengestalt, die, einem Gespenst gleich, durch die Räume des Schlosses Osterstein in Gera wandelte, wenn einer der Reußen im Sterben lag. Diener haben oft das majestätische Vorübergleiten der beeindruckenden Gestalt gesehen und das Rauschen ihres Seidenkleides vernommen. Zum Beispiel die von einem der Prinzen, der Feuer bannen konnte, indem er den Brandherd beim Umreiten mit magischer Gewalt zum Ersticken brachte. 1780, als ein fürchterlicher Stadtbrand durch Gera wütete, sah man diesen Prinzen, Heinrich XXX., wie er in rasender Hast auf seinem Pferd um die Stadt fegte, den beschwörenden Blick auf die abfackelnden Häuser gerichtet. Doch diesmal gelang es ihm nicht, das Feuer zu löschen, denn es war verflucht. Zum Beispiel die von der Hofküche des Heinrich Posthumus, deren erlesene Gerichte so lecker waren, daß sie sogar am Hof des Großherzogs von Weimar nachgekocht wurden. Und vom „Reußischen Theater" in Gera, das für mehrere deutsche Künstler zum Sprungbrett in große Karrieren wurde, zum Beispiel für Bernhard Minetti, den Nestor der deutschen Schauspielkunst.

Geschichten, Sagen und Legenden gibt es viele im ostthüringischen Land. Sie wurden großteils von Generation zu Generation mündlich weitergegeben, einige sind auch in Büchern zu finden. Und immer stehen die Reußen im Mittelpunkt, das Geschlecht, das die Region über 800 Jahre entscheidend mitgeprägt hat. Diese Geschichte ist erhalten im Bewußtsein der Ostthüringer. Sie gehört unwiderruflich zur Region und wird heute wiederentdeckt. Viele Zeitgenossen möchten diese Vergangenheit wieder lebendig machen und verbinden damit sogar, was den Tourismus betrifft, Hoffnungen für die Zukunft.

Denn Ostthüringen ist für den Tourismus wie geschaffen. Die vielgestaltige und anmutige Mittelgebirgsvorlandschaft ist geprägt durch die Ausläufer des Frankenwaldes und des Thüringer Schiefergebirges sowie die Täler der Saale, der Weißen Elster, der Wisenta und der Weida. Der Tourismus soll mittelfristig zum wesentlichen Wirtschaftsfaktor dieser Region werden, verschiedene lokale Entwicklungskonzepte werden derzeit umgesetzt.

Um den Auf- und Ausbau der touristischen Infrastruktur in Ostthüringen zu fördern, hat sich 1992 der Verein „Reußische Fürstenstraße" konstituiert. Als Mitglied des Tourismusverbands Ostthüringen e.V. bemüht er sich, der Region ein prägendes Image zu geben und damit den Fremdenverkehr zu beleben. Eine touristische Route wurde ins Leben gerufen, die „Reußische Fürstenstraße", die über 110 Kilometer durch Ostthüringen führt und alle markanten Orte, an denen reußische Geschichte geschrieben worden ist, berührt. Im Norden beginnt sie in Bad Köstritz, führt über Gera, Weida, Greiz, Zeulenroda, Schleiz, Burgk, Saalburg und Ebersdorf bis ins Moorbad Lobenstein. Sie durchquert somit das Gebiet der ehemaligen Fürstentümer Reuß ältere Linie und Reuß jüngere Linie.

Im Ebersdorfer Park befindet sich das Grabmal der Familie Reuß. Es wurde von Ernst Barlach im Auftrag des Erbprinzen Heinrich XLX. entworfen.

Wissenswert

Die „Reußische Fürstenstraße" ist mit einer Länge von ca.110 km ein attraktiver Anschluß an die Klassikerstraße Thüringens.
Sie führt durch das Gebiet der hier früher ansässigen reußischen Fürsten. Um die Jahrhundertwende umfaßte das Gebiet eine Fläche von ca. 1100 km² mit den Fürstentümern Reuß ältere Linie mit der Residenzstadt Greiz und Reuß jüngere Linie mit der Residenzstadt Gera und einer Einwohnerzahl von ca. 226 000.
1919 wurden diese Fürstentümer zum Volksstaat Reuß vereint, und 1920 erfolgte der Zusammenschluß der thüringischen Kleinstaaten zum Land Thüringen.

Die „Reußische Fürstenstraße" führt durch:
den Landkreis Greiz,
die Stadt Gera,
den Landkreis Altenburger Land,
den Saale-Orla-Kreis

Ab dem 15. und bis Mitte des 19. Jahrhunderts gab es im ostthüringischen Raum zahlreiche Kleinstaaten, Duodezfürstentümer mit bescheidenen Einflußbereichen, wie sie für Thüringen typisch waren. Die reußischen Fürsten waren trotz ihrer im gesamtdeutschen Rahmen marginalen Bedeutung dennoch bemüht, mit ihren Bauten, wie Burgen, Schlössern, Kirchen und Parkanlagen, würdevolle Aufmerksamkeit zu erlangen. Die wechselvolle und durchaus stolze historische Entwicklung dieser Mini-Fürstentümer in der Verbindung mit den landschaftlichen Schönheiten und den neuzeitlichen Attraktionen der Region versucht der Verein Besuchern nahezubringen.

Aber auch die Reußen sind wieder da. Allen voran Woizlawa Feodora Prinzessin Heinrich I. Reuß, die 1991 nach Gera zurückkehrte, zunächst das Torhaus des Schloßes Osterstein bezog, dann diese von ihr geliebte kleine, jedoch baufällige Wohnung verlassen mußte und nun in der Otto-Dix-Straße in Gera wohnt. Die Prinzessin, von zarter Statur und bereits im neunten Lebensjahrzehnt, hatte nach der Enteignung und Vertreibung 1945 mehr als vier Jahrzehnte in Hessen gelebt, wo auch ihre sechs Kinder und zehn Enkelkinder zur Welt kamen. Ihre Wurzeln aber seien in Thüringen, in Gera, sagt sie. „Plötzlich hatte ich ihn wieder, den großen Baum vor meinem Fenster, den herrlichen Blick über die Stadt. Das kann man durch nichts ersetzen, das ist für mich ein Stück Heimat."

Es sind aber vor allem die Ostthüringer, die es der Prinzessin leicht gemacht haben, in die Region zurückzukehren. „Mein erster Besuch fand im März 1990 statt", erinnert sie sich. „Ich kam zusammen mit meinen Kindern, die hatten Thüringen und Gera ja noch nie gesehen. Damals existierte die DDR noch, und an der Grenze mußten wir unsere Pässe zeigen. Der junge Beamte, der sie kontrollierte, stellte uns eine völlig unerwartete Frage. ‚Sind Sie d i e Reußen? Die, die hierher gehören?' Wir waren fassungslos, alle miteinander."

Die Reußen sind die, die nach Ostthüringen gehören. Die Vergangenheit dieser Territorialherrschaft ist nur ein kleines, aber doch hochinteressantes Kapitel im Buch der deutschen Geschichte – eine Kompaktlektion deutscher Fürsten- und Landeskunde. Heute wird sie wiederentdeckt – und Geschichte damit wieder lebendig.

Wissenswert

Die „Reußische Fürstenstraße" ist zu erreichen:

Auto/Bus über:
die Autobahn A9 Berlin - München,
die Autobahn A4
Bad Hersfeld - Dresden,
die Autobahn A72
Chemnitz - Hof

Bahn
Interregio
Hof - Gera,
Stadt Gera; Nahverkehrslinien von Bahn und Bus zu den interessantesten Orten an der „Reußischen Fürstenstraße",
IC München–Nürnberg–Saalfeld,
IR Hamburg–Berlin–Leipzig–Saalfeld,
IC Köln–Bonn–Frankfurt/M. –Saalfeld,
Saalfeld–Gera–Leipzig,
Erfurt–Gera–Chemnitz,
Gera–Greiz–Plauen–Weischlitz

Flugzeug
(kleinmotorische Flugzeuge)
Flugplatz Gera-Leumnitz
Greiz-Obergrochlitz

Flughäfen
Hof: Entfernung nach Greiz 50 km
Leipzig: Entfernung nach Greiz 110 km
Erfurt: Entfernung nach Greiz 140 km

Museum Schloß Burgk. Prunkschlafraum.

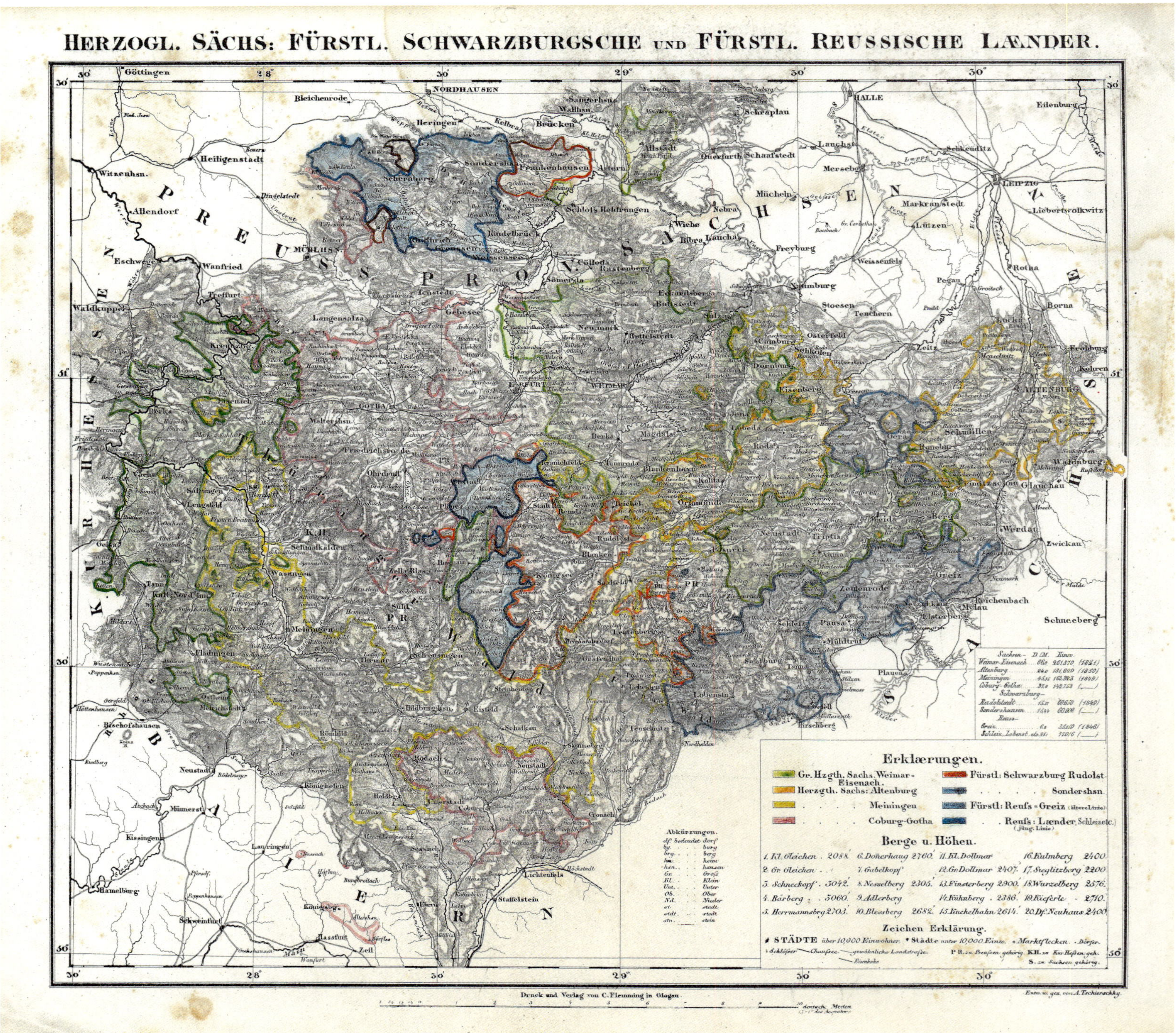

Historische Karte.
Reußische Herrschaftsgebiete
aus dem 19. Jahrhundert.

Wie die Reußen zu ihren Ländern kamen

Eine kleine historische Exkursion

Die Reußen – das ist eine kompliziert verzweigte, verzwickte Geschichte. Über den Ursprung des Namens und die sich vielfach aufteilenden und wieder vereinenden Linien und Häuser gibt es zahlreiche wissenschaftliche Untersuchungen. Heerscharen von Historikern haben sich in den Labyrinthen dieses traditionsreichen Geschlechts umgetan. Nach wie vor gibt es Forschungsbedarf.

Die reußischen Herrschaften gelten als das einzige regierende deutsche Fürstenhaus, dessen Vorfahren von Ministerialen im Mittelalter zu bis 1918 regierenden Fürsten aufstiegen. Es soll ursprünglich welfisch und zunächst im nördlichen Thüringen, zwischen dem Unstruttal und Mühlhausen ansässig gewesen sein, bis es von Kaiser Friedrich I. Barbarossa um 1163 in südöstliche Richtung in Marsch gesetzt wurde. Der Kaiser war bemüht, sein Reichsgut auszubauen und zu festigen. Deshalb setzte er beiderseits der Weißen Elster Reichsvögte ein, die unmittelbaren Vorfahren der Reußen. Erster Amtssitz war Wünschendorf.

Vermutlich um den Stauferkaiser Heinrich VI. zu ehren, legten sich die herrschenden Vögte den Namen „Heinrich“ zu und bestimmten, daß alle männlichen Nachkommen fortan den Namen „Heinrich“ zu tragen hätten, nur unterschieden durch die Ordnungszahl. Seit dem 17. Jahrhundert wurde die Numerierung immer wieder neu begonnen. Das wird noch von den heutigen Reußen so gehalten. Einer der Söhne von Prinzessin Feodora, Heinrich XIII. Prinz Reuß, engagiert sich wirtschaftlich im ostthüringischen Raum und gehört auch dem Verein Reußische Fürstenstraße als Gründungs- und Vorstandsmitglied an. Sein jüngster Sohn wurde 1991 in der Ebersdorfer Kirche als Heinrich XXVII. getauft. Er war der erste, der dieses Sakrament nach jahrzehntelanger Unterbrechung wieder in Thüringen empfangen konnte.

Doch zurück zu den Anfängen. Das Wort „Vogt“ hat seinen Ursprung im lateinischen Begriff „advocat“, was der Herbeigerufene bedeutet, in diesem Fall Vertreter des Kaisers. Mit dem 1343 erstmals urkundlich erwähnten „terra advocatorum“ war jedoch kein festumgrenztes Gebiet, sondern lediglich der Besitzanspruch der Vögte, „der vogte lant“, gemeint.

Auch die Herkunft des Namens „Reuß“ ist nicht exakt zu belegen. Der Name bedeutete im Mittelalter vermutlich „Russe“ und wurde nach Ansicht der Historiker abgeleitet von dem um 1295 verstorbenen Heinrich von Plauen, der eine längere Zeit in Rußland verbrachte und dort die russische Prinzessin Maria Swikowska heiratete.

Die Vögte besaßen die kaiserliche Bestätigung der Lehen und Regalien, was ihnen eine unabhängige Stellung verschaffte. Um 1238 teilten die Söhne Heinrichs des Reichen ihren ererbten Besitz. Die Linien der Vögte von Weida, Gera und Plauen sollten sich in den folgenden Jahrhunderten noch mehrmals aufsplittern. 1564 erfolgte die endgültige Teilung in die späteren Hauptlinien Reuß ältere Linie und Reuß mittlere Linie (Greiz) und Reuß jüngere Linie (Gera, Schleiz, Lobenstein und Ebersdorf). Einige Nebenlinien starben infolge fehlenden Nachwuchses aus, zum Beispiel das Haus von Obergreiz.

Durch die zahlreichen und häufigen Teilungen wurden die reußischen Länder zu einem Musterbeispiel für Kleinstaaterei, wie sie lange in ganz Deutschland, hauptsächlich aber in Thüringen üblich war. Am Beispiel von Greiz kann das am besten deutlich gemacht werden. Kein Ort entlang der kulturhistorischen Route spiegelt die Geschichte der Reußen so wider wie dieser. Nirgendwo residierten Herren Reuß von Plauen zu Greiz, danach Grafen und schließlich Fürsten länger als in Greiz.

Um 1209 verlegte Heinrich V., Nachfahre der Vögte von Weida, seinen Sitz auf die Burg Greiz, den Vorläuferbau des heutigen Oberen Schlosses. Er nannte sich „advocatus de Groyz“, Vogt von Greiz. Weil er 1240 kinderlos starb, kam es nicht zur Herausbildung einer selbständigen Vogtslinie. Um 1244 wurde das Land geteilt, dabei entstanden die Linien der Vögte von Weida, Gera und Plauen. Das Gebiet um Greiz fiel der Linie Plauen zu. Um die Greizer Burg entstand eine Ansiedlung. Die Bevölkerung lebte von Ackerbau und Viehzucht und

Heimatlied von Friedrich Pfannenschmidt (1925)

Osterburg, von deinen Zinnen/
grüß´ ich rings das schöne Land –/
nimmer möchte ich von hinnen,/
da wo meine Wiege stand./
Die mir lieb und wert geworden/
seit der frühsten Kindheit Tag' –/
nicht mit allen schönen Orten/
ich mein Weida tauschen mag.

(Auszug)

Eine lustige Wandertour von Hans Schmidt

Wir machen eine Wandertour/
quer durchs Zellreder Land,/
von einem Nest zum andern,/
die sind uns gut bekannt./
Wir steigen über Stock und Stein,/
durch Löcher und durch Dreck,/
ach wärn wir doch gefahren,/
denn man kommt so kaum vom Fleck./
Wir wandern über Piesegitz,/
nach Auma und nach Gütterlitz,/
nach Muntscha und nach Förthen,/
die Tour, die wird schon werden./
Und weiter gehts nach Moderwitz,/
Pöllwitz,Leitlitz, Läwitz, Schüptitz,/
Pörmitz, Görkwitz, Göschitz, Oschitz,/
und dann sind wir da.

Greiz, die Stadt der Stoffe.
(Autor unbekannt)

Was Greiz gewebt und
Greiz gefärbt,/
Hört man das
Sprichwort sagen,/
Das hält,
bis es der Enkel erbt,/
So ist's erprobt
beim Tragen./
Drum wer was braucht,
der sehe zu/
Und kaufe Greizer Stoffe./
O, Weberschifflein,
fliege du,/
Dann blüht die Stadt der
Stoffe!/
Schifflein klein, fliege du,/
Ohne Rast, ohne Ruh,/
Dann blüht
die Stadt der Stoffe!

Im schönen Greiz
am Elsterstrand/
Da herrscht
gar reges Leben./
An tausend Stoffen
weltbekannt/
Viel fleiß'ge Hände weben./
Bei Weberschiffleins
Regiment/
Die Stadt ist wohl beraten,/
Der Greizer Lebenselement/
bleibt Kette,
Schuß und Faden./
Schifflein klein, fliege du,/
Ohne Rast, ohne Ruh,/
bleibt Kette,
Schuß und Faden.

(Auszug)

Greiz. Das Fürstlich Reuß-Plauische Wappen, aus Seide gewebt, kann im Heimatmuseum Greiz besichtigt werden.

war dem Landesherrn zu Frondiensten verpflichtet. 1306 wurde die Linie Plauen erneut geteilt, die Herrschaft Greiz erhielt Heinrich I., ein von Kaiser Ludwig IV. mit Lehen, Rechten und Regalien ausgestatteter Landesherr. Zu seiner Herrschaft gehörten auch Werdau, Mylau, Ronneburg und Schmölln, weshalb die Herrschaft Greiz als das Kernland der späteren Fürstentümer Reuß angesehen werden kann.

Doch jahrhundertelang gab es Streitereien zwischen den Söhnen der Landesherren, es kam zu Teilungen, Vereinigungen und abermaligen Teilungen. Die Reußen verbanden sich mit der böhmischen Krone, der Habsburger Monarchie und den politischen Vertretern der Reformation, den Wettiner-Ernestinern. Sie kämpften und verloren mit dem protestantisch-sächsischen Heer, mußten den Kaiser um Verzeihung bitten und wurden in „Huld und Gnad" wieder in das Reich aufgenommen, erhielten jedoch ihren Besitz bis 1562 nicht zurück. 1564 entstanden die Herrschaften Gera, Obergreiz und Untergreiz. 1572 wurden auch Schleiz, Lobenstein, Saalburg und Burgk reußisch. In Folge bildeten sich allein vier Greizer Staaten heraus!

Zeitweise bestanden einzelne Teilstaaten nur aus wenigen Ortschaften. Ende des 17. Jahrhunderts beispielsweise gab es innerhalb der beiden reußischen Hauptlinien gleichzeitig zehn regierende Häuser nebeneinander. „Zwischen Habsburger und Preuß' paßt noch allemal ein Reuß", lautete damals ein spöttischer Spruch. Um diesem unhaltbaren Zustand ein Ende zu bereiten, wurde 1690 die Primogeniturordnung eingeführt, nach der dem Erstgeborenen das Recht zusteht, das ungeteilte väterliche Territorium zu erben.

Das 15. und vor allem 16. Jahrhundert war für die Reußen ein besonderer Zeitabschnitt: Höhepunkten folgten Niederlagen, es war ein ständiges Auf und Ab. Gebietserweiterungen gelangen durch Zukauf. So wurde 1453 die Herrschaft Oberkranichfeld durch die Geraer Linie erworben, 1492 Zeulenroda durch die Herrschaft Reuß-Greiz. 1533 setzten die kursächsischen Lehensherren gegen den Widerstand der Herren von Reuß in deren Land die Reformation durch. Es kam zu Kirchenvisitationen und der Einsetzung von Superintendenten. Im Schmalkaldischen Krieg 1546/47, der bekanntlich eine Auseinandersetzung der Konfessionen war, standen die reußischen Länder bereits geschlossen hinter den Kurfürsten von Sachsen im protestantischen Lager. Nach der Niederlage des Bundesheers 1547 in der Schlacht bei Mühlberg verloren die besiegten Heinrich der Ältere von Greiz und seine Brüder ihre Besitzungen an den Burggrafen von Meißen. Nach langem Prozeßwirrwarr erhielten sie 1562 die Gebiete Greiz und Gera zurück. Die landesherrliche Position der Reußen war damit gesichert.

1564 wurde der reußische Gesamtbesitz geteilt. Seitdem spricht man von älterer, mittlerer und jüngerer Linie. Gleichzeitig bildeten sich mehrere Teilstaaten heraus. Wer die Landkarten aus dem 16. und 17. Jahrhundert sieht, betrachtet ein Gebiet der vollkommenen Zersplitterung. Gezählt sind für diesen historischen Abschnitt 22 Teilstaaten, von denen manche nur wenige Jahre Bestand hatten. Erst mit der Einführung der Regierungsnachfolge für den erstgeborenen Sohn 1690 (Primogenitur) entstand ein neues Ordnungsprinzip. Dennoch gab es auch später noch Teilungen.

Die Organisationsstrukturen der vielen kleinen Fürstenhöfe waren nicht optimal, Ehrgeiz und Eifersüchteleien blockierten den Zusammenhalt. Die Kleinheit der Teilstaaten schränkte die Wirkungsmöglichkeiten der reußischen Landesherren stark ein. Sie waren lange Zeit nur Provinzfürsten ohne Einfluß auf andere Fürstentümer. Das änderte sich mit Heinrich Posthumus von Reuß-Gera, der 1595 bis 1635 regierte und der erste unter den Reußen war, der durch herausragende individuelle Leistungen nachhaltig auf sich aufmerksam machte.

Heinrich Posthumus, bereits im Alter von 23 Jahren mündig, war ein weitsichtiger Stratege und Staatsmann, der über den Tag hinaus dachte und dem Geschlecht einen würdigen Stammplatz unter den thüringischen Duodezfürstentümern verschaffen wollte. Seine Aufgeschlossenheit für Wissenschaften und Künste, soziale und religiöse Belange war außerordentlich. Viele Historiker sehen in ihm den wichtigsten Herrscher, den die Reußen jemals hervorbrachten.

Gera zum Beispiel verdankt Posthumus viel. Er begann mit dem Auf- und Ausbau städtischer Verwaltungsstrukturen, was aus der Ackerbürgerstadt Gera einen Wirtschaftsstandort machte. Alle Angelegenheiten wurden über Kanzlei und Konsistorium abgewickelt, Spezialbehörden eingerichtet, die Rechtspflege gefördert. Kirchen und Schulen entstanden – das Gymnasium Rutheneum wurde in dieser Epoche eröffnet –, und es entwickelte sich mitten in feudalaristokratischer Zeit so etwas wie Bürgersinn. Heinrich Posthumus war bei seinen Untertanen außerordentlich populär, er verkörperte einen neuen Typus des Landesherrn.

Sein Sohn Heinrich II., der von 1635 bis 1647 erster unter den Reußen war, bemühte sich, das Werk des Vaters fortzusetzen. Er war ein tief religiöser Mann, erst Schüler, dann Freund von August Hermann Francke in Halle, dessen Stiftungen sich im Zeichen der christlichen Barmherzigkeit um Arme und Benachteiligte verdient machten. Der stränggläubige Pietist führte ein spartanisches Schulregiment ein – in deutschen Landen des 17. Jahrhunderts keine Selbstverständlichkeit.

Die Reußen waren damals nicht nur in ihrem Herrschaftsgebiet tätig, sondern standen auch im Dienst fremder Höfe, wirkten als Räte und Militärs in Kursachsen und Österreich, auch bei der kaiserlichen Zentralgewalt war ihr Rat gefragt. So ist schon früh ein Element zu vermerken, das den Reußen über die Grenzen ihrer Territorien hinaus einen milden Glanz verleiht. Mehrere reußische Herren nahmen als Befehlshaber an Kriegen in Europa teil. Militär- und Außenpolitik konnte ein Reuße nur lernen, wenn er die reußischen Länder verließ.

Die Beziehungen der Reußen zum Reich waren gut, 1673 wurden alle Häuser beider Linien in den Reichsgrafenstand erhoben. Im 17. Jahrhundert profilierte sich vor allem die jüngere Linie, die separate Landtage in Gera, Schleiz und Lobenstein organisierte, Mitsprache beim Erlaß von Landesordnungen zuließ, Religionsfreiheit gewährte und den Rittergütern Steuerfreiheit einräumte. Damit verzichteten die Landesherren auf eine strikt absolutistische Machtausübung.

In den Teilherrschaften der älteren Linie bildete sich so etwas wie ein Behördenapparat heraus. 1735 wurden die Kanzleien (Oberbehörden) in Regierungen umgewandelt. 1768 wurde die einheitliche Regierung Greiz eingerichtet (Vereinigung von Untergreiz und Obergreiz), die bis 1920 bestehenblieb. Ab 1776 nahm die Kammer Greiz für alle Gebiete die Finanzverwaltung wahr. Die Landesherren holten sich ihre Einkünfte vor allem aus herrschaftlichen Kammergütern, aus Grundzinsen und Steuern

Mein Reußenland
von Julius Sturm

Wie lieb ich Dich, mein
Reußenland,/
mit deiner Elster
blühenden Strand,/
mit deinen
goldnen Ährenfeldern,/
mit deinen
immergrünen Wäldern,/
mit deinen
leichtgeschwungenen
Höhn!/
Wie schmückte dich der
Herr so schön!

Ich bin gewandert
kreuz und quer,/
ich sah die Alpen,
stand am Meer,/
ich wanderte durch
Myrtenhaine,/
fuhr auf dem
rebumkränzten Rheine:/
Doch immer
schlich in mir sich ein/
ein süßes Heimweh,
dacht' ich dein.

Mein Reußenland, mein
Heimatland,/
mit dir eint mich ein
festes Band,/
in dir hab ich gestrebt,
gerungen,/
geliebt, gelitten und
gesungen,/
und ist in dir erfüllt
mein Los,/
ruht dir dein müdes Kind
im Schoß.

Dieses Gedicht wurde in alle reußischen Lesebücher aufgenommen, und so blieb es keinem Schulkind vor 1918 unbekannt.

Schloß Burgk. Damensalon.

Burgk. Auf einem Bergsporn hoch über der Saale thront Schloß Burgk.

der Einwohner. Die wirtschaftspolitische Ausrichtung zielte darauf ab, die landeseigenen Ressourcen zu nutzen und damit die Unabhängigkeit vom benachbarten Kursachsen zu wahren. Das bezog sich hauptsächlich auf die Erwerbszweige Land- und Forstwirtschaft und zunehmend auch auf die städtischen Gewerbe. Dazu gehörten die Porzellanfabriken in Gera und Schleiz, die Textilherstellung und Tuchmacherei.
1806 endete die böhmische Lehensträgerschaft, 1807 traten die reußischen Staaten dem Rheinbund bei. Selbst in der Turbulenz der kriegerischen Ereignisse ab Beginn des 19. Jahrhunderts – der Napoleonischen Kriege und der Befreiungskriege – bewahrten sich die Reußen volle Souveränität. Reußisches Militär kämpfte im Rheinbund und in der antinapoleonischen Koalition. 1815 wurden die reußischen Staaten Mitglieder des Deutschen Bundes. 1848 vereinte das Haus Reuß-Schleiz alle Gebiete der jüngeren Linie zum Fürstentum Reuß j.L..
Reußische Abgeordnete konnten sich in der Frankfurter Nationalversammlung, ohne den Zorn ihrer Fürsten fürchten zu müssen, für die Errichtung einer deutschen Republik einsetzen. Tradierte feudale Rechte wurden nach und nach aufgegeben, Verwaltung und Justiz getrennt, der Staat modernisiert. Als im Jahre 1871 das Deutsche Reich gegründet wurde, vertrat die jüngere Linie Reuß unter Heinrich XIV. (Regierungszeit 1867-1908) eine liberale Politik, die sich mit dem Großbürgertum zu arrangieren suchte.
Mit dem Eintritt in das Deutsche Reich wurden

die reußischen Hoheitsrechte auf die inneren Belange (Verwaltung, Justiz, Steuer, Wirtschaft) beschränkt. Ein wirtschaftlicher Boom vor allem in der Textilwirtschaft erfaßte Greiz und Gera, die zu Beginn des 20. Jahrhunderts zu den zehn reichsten Städten in Deutschland gezählt wurden. Der ökonomische Aufschwung der Stadt Greiz war beachtlich. Um 1910 besaß das Fürstentum Reuß ältere Linie nahezu 73 000 Einwohner, die jüngere Linie zählte knapp 153 000 Bürger.
Der gesellschaftliche Aufstieg des Bürgertums und das Anwachsen der Lohnarbeiter, die großteils sozialdemokratisch votierten, brachten auch für die Reußen Veränderungen mit sich. Die Novemberrevolution 1918 bedeutete das Ende reußischer Regentschaft. Alle sieben thüringischen Duodez-Fürsten wurden zur Abdankung gezwungen. In Gera und Greiz bildeten sich Arbeiter- und Soldatenräte, die regierten. Parteipolitisch dominierte die linke Sozialdemokratie (USPD). Die sogenannten Mehrheitssozialisten, wie Ebert und Scheidemann, hatten in den reußischen Landen kaum Anhänger. Gleichwohl benutzten die neuen Herren den populären Namen der alten Herrschaft und nannten das im April 1919 gegründete neue Staatswesen Volksstaat Reuß. Dieser ging 1920 im Land Thüringen auf, dessen Wappen damals sieben Sterne auf rotem Grund zeigte: Jeder Stern stand für einen der ehemaligen Teilstaaten, einer davon für die reußischen Fürstentümer.
„Der Name Reuß bedeutet für mich heute auch die Wahrung und Fortführung historischer und kulturell gewachsener Traditionen in Ostthüringen.“, resümiert Heinrich XIII. Prinz Reuß. Die Kultur, nur klein und territorial eng begrenzt, war unter den Bedingungen ihrer Zeit Beachtliches zu leisten imstande. Für Thüringen spielten die Reußen gerade in kultureller Hinsicht eine Rolle. In ihrer Zerrissenheit und dem allmählichen Zusammenwachsen, vereint durch Herkunft und Namen, spiegeln die Reußen auch die gesamtgesellschaftliche Entwicklung in Deutschland und darüber hinaus im Europa der letzten 800 Jahre wider. Die Reußen sind ein winziger Ausschnitt kontinentaler Geschichte, an dem aber vieles verdeutlicht werden kann. Das macht es interessant, Geschichte und Geschichten aus dem Reußenland „auszugraben“. Immerhin ist auch ein beachtlicher Teil baulicher Hinterlassenschaften des Fürstengeschlechts erhalten geblieben. Er kann besichtigt werden und führt zur Auseinandersetzung mit der historischen Entwicklung der Reußen und Ostthüringens. Eine Region lädt ein, ihre besondere Geschichte kennenzulernen.

**Reußenlied
von Heinrich Daßler
(1901)**

Hoch im Buchenhain/
liegt der Osterstein,/
Gera's Stolz und
Reußenlandes/
Zier./
Reußens Herrscherhaus/
schon vom Urahn aus/
führt den Namen
Heinrich für/
und für./
Dieses Reußenland ist ein/
deutsches Land,/
ist mein liebes teures/
Heimatland.

Auch so schönen Reiz/
hat der Stammsitz Schleiz/
mit dem
Sommerschlößchen/
Heinrichsruh./
Und im Fürstenschloß,/
in des Städtchens Schoß,/
weilt der Herrscher
Reußens/
ab und zu./
Dieses schöne Land ist ein
deutsches Land,/
ist mein eigentliches
Heimatland.

Lobensteiner Bier/
schmeckte trefflich mir,/
nur in große Krüge schenkt
mans ein./
Dieses edle Naß/
zapfet frisch vom Faß/
heitern Blicks des Wirtes
Töchterlein./
Dieses heitre Land ist ein
deutsches Land,/
ist ein Teil von meinem/
Heimatland.

Und im Waldidyll/
liegt so fromm und still/
Ebersdorf im
kleinsten Landesteil./
Herrnhut's Brüder dort/
in dem stillen Ort/
beten für der
Heimgegangnen/
Heil./
Dieses liebe Land ist ein
deutsches Land,/
ist der schönste Teil von
meinem/
Heimatland.

(Auszug)

Von Bad Köstritz nach Gera

Information

Stadtverwaltung Bad Köstritz Tourist-Information
Julius-Sturm-Straße 10
07586 Bad Köstritz
Tel. 03 66 05/8 60 59
Fax 03 66 05/8 60 60

Gera-Information
Ernst-Toller-Straße 14
07545 Gera
Tel. 03 65/61 93 01-02
Fax 03 65/61 93 04

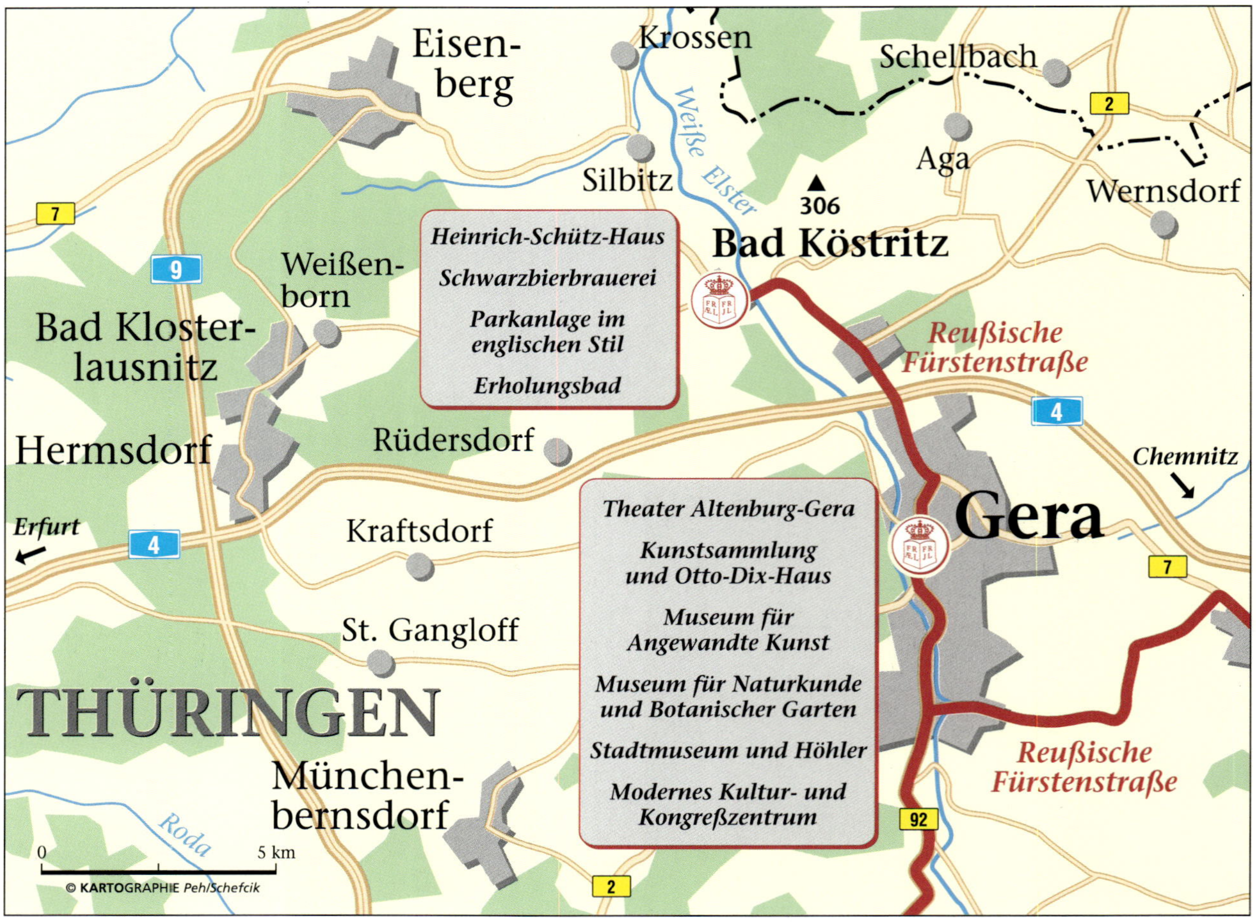

Wissenswert

Bad Köstritz
liegt am Mittellauf der Weißen Elster zwischen Gera und Zeitz in einem weiten Talbecken, eingebettet zwischen den sanften Höhenrücken des Thüringer Holzlandes im Westen und den steilen Hängen im Osten und ist der Beginn der „Reußischen Fürstenstraße".

Bad Köstritz ist der Geburtsort von Heinrich Schütz, dem Komponisten der ersten deutschsprachigen Oper („Daphne").

Das heute überall gern getrunkene Köstritzer Schwarzbier wird seit 1543 gebraut.
Jährlich im Sommer findet auf dem Gelände der Köstritzer Schwarzbierbrauerei der Köstritzer Schwarz-Markt statt.

Seit über 200 Jahren ist Bad Köstritz ein Ort der Gärtnereien.

Gera
liegt am Mittellauf der Weißen Elster in einer Tallandschaft und ist die zweitgrößte Stadt vom Land Thüringen nach der Landeshauptstadt Erfurt.

Gera gilt als die ehemalige Residenzstadt der Herrschaft Reuß jüngere Linie.

Geraer Höhler
sind 5-11 m tiefe Gänge und Nischen unter vielen Häusern, Straßen und Plätzen der Innenstadt. Privilegierte Bürger ließen die Höhler im 17./18. Jahrhundert zur Lagerung selbstgebrauten Biers anlegen. Gesamtlänge der Höhler: ca. 9 km.

Bad Köstritz. Ab 1704 bezog Graf Heinrich XXIV. das Schloß als ständigen Wohnsitz.

Gera. Die Höhler dienten seit dem 17./18. Jh. der Bierlagerung. Höhler Nr. 188 wird museal genutzt.

Verlorene Schlösserpracht, aber erhaltener Bürgerprunk

Von Bad Köstritz nach Gera

Unter allen Gartenfreunden sind die Liebhaber von Blumen eine besondere Spezies. Sie können stundenlang darüber reden, daß Knabenkraut zu den Kuckucksblütlern gehört und auf Wiesen zu Hause ist, daß Blätter von Orchideen verkümmern, wenn sie nicht genügend dem Sonnenlicht ausgesetzt sind und daß sich ansaugende Pilze zu ihrer Ernährung beitragen. Sie sprechen von Knollen und Blütenfamilien, lappigen Pflanzen und zwittrigen Einzelblüten, aber auch von erotischen Blütenformen und wie viele Gramm Dünger pro Liter Wasser den Dahlien verabreicht werden sollten. Bei wahren Blumenfreunden setzt die Beschäftigung mit der Materie regelrechte Lustenergien frei. Bei einem Besuch in Bad Köstritz sollten sie darauf achtgeben, die Fassung zu wahren. Der Anblick der Dahlienzüchtungen, die hier auf großen Flächen zu bestaunen sind, hat den Begriff grandios verdient. Seit über 200 Jahren werden die aus Mexiko über Spanien nach Deutschland gelangten Dahlien in Bad Köstritz gezüchtet, mittlerweile über 200 Sorten. Alles fing an mit Christian Deegen (1798-1888), der sich als Vierzehnjähriger in diese Blume mit ihrer üppigen Blütenpracht und Farbenkraft verliebte. Er züchtete sie zunächst im Garten seines Vaters, sorgte dort für ihre rege Vermehrung und erhielt dann die Möglichkeit, den Garten des gräflichen Palais zu übernehmen, wo er mit der Zucht im großen Stil begann. Ihm folgten 1836 Johann Sieckmann und 1843 Ernst Herger. Sie züchteten neben Dahlien auch Rosen und buntblättrige Gehölze. Seitdem gilt Bad Köstritz als Dahlienstadt. Nach alter Tradition wird zum Dahlienfest im September eine Dahlienkönigin gewählt.

Bad Köstritz wirbt für sich als die „Stadt der drei B's". Das zweite „B" steht für die Blumen, das erste aber für das Bier. Das Brauen hat hier eine lange Tradition, sie datiert nachweislich auf das Jahr 1543, reicht aber vermutlich noch sehr viel weiter zurück. Eine Kirchenrechnung aus dem Jahre 1507 belegt das Ausbessern einer Braupfanne. Chronisten berichten, daß die Universität im nahegelegenen Jena eine regelrechte Explosion des Köstritzer Brauwesens zur Folge hatte. Die Studiosi und ihre Professoren wurden von den Köstritzern umfassend beliefert, der Bierhandel brachte eine ganze Kleinwirtschaft zum Florieren. 1605, so berichtet eine Aufzeichnung, wurden bereits pro Jahr 700 Hektoliter Bier gebraut.

Bad Köstritz ist der nördlichste Punkt der „Reußischen Fürstenstraße", die geschriebene Geschichte beginnt im Jahre 1364. Seinen Ursprung hat der Ort in drei mittelalterlichen Rittersitzen, die erstmals 1320 im Domarchiv zu Naumburg erwähnt wurden. 1678 kaufte die Gemahlin des Reichsgrafen Heinrich I. Reuß-Schleiz das „Köstritzer Rittergut unteren Teils". Damit faßten die Reußen direkt Fuß in Köstritz. Die späteren Bewohner des Schlosses waren Mitglieder des Paragiumszweiges Reuß-Schleiz. Das Rittergut brannte 1675 aus, und Heinrich I. ließ ein Schloß im Renaissancestil erbauen. Als in Schleiz 1689 das Schloß durch Brand vernichtet wurde, verlegte er seine Residenz vorübergehend nach Köstritz. Erster Paragiatsherr wurde Graf Heinrich XXIV., der nach seiner Hochzeit 1704 das Schloß als ständigen Wohnsitz bezog. Um das Schloß herum ließ der Graf einen großen Lustgarten anlegen. Auch die Gutsbrauerei ging in reußisches Eigentum über und firmierte fortan unter Hofbrauerei. Sie verschaffte sich im ganzen Thüringer Land bis nach Sachsen und Franken hin einen guten Ruf, weil das Bier von hoher Qualität war.

1789 verfügte eine fürstliche Anweisung den Bau eines neuen Brauhauses, um die Produktion abermals zu erhöhen. In der Fürstlichen Brauerei, wie sie ab 1806 hieß, wurden mehrere Biersorten hergestellt, neben „Englisch-Bier", einem Vorläufer des heute populären Köstritzer Schwarzbiers, gab es auch das „Kofend", ein preisgünstiges Bier für die Armen. Unter den vielen Biersorten, die im 19. Jahrhundert in Köstritz kreiert wurden, entstand auch die „Blume des Elstertals", das Reichskanzler Otto von Bismarck zu seinem Geburtstag verkostete und fortan zu rühmen wußte. Heute gilt Köstritzer Schwarzbier als „das Schwarze mit der blonden Seele" und wird unter Bierkennern

Erlebnis

Bad Köstritz

Kirche St. Leonhardt
mit neoromanischer Innengestaltung

Parkanlage
im englischen Stil mit Musentempel

Forschungs- und Gedenkstätte Heinrich-Schütz-Haus
Heinrich-Schütz-Straße 1
Tel. 03 66 05/24 05
Geburtshaus des Komponisten
Dauerausstellung zu Leben und Werk des ältesten deutschen Musikers von internationaler Bedeutung
Konzerte

Schwarzbierbrauerei
Besichtigung des Braugeländes nach Absprache
Heinrich-Schütz-Straße 16
Tel. 03 66 05/8 30

Gera

Stadtmuseum Gera
Heinrichstraße 2
Tel. 03 65/8 38 14 70
Ausstellung zur Stadtgeschichte in dem 1724-39 erbauten Gebäude, das seit 1911 als Städtisches Museum fungiert

Museum für Angewandte Kunst
im Ferberschen Haus
Greizer Straße 37
Tel. 03 65/2 87 50
Diverse Kunstexponate, darunter auch solche aus dem Reußenbesitz

Erlebnis

Gera

Museum für Naturkunde
im Schreiberschen Haus
Nicolaiberg 3
Tel. 03 65/5 20 03
Das Schreibersche Haus entstand 1688 und ist ältestes Haus innerhalb des alten Stadtmauerrings, benannt nach seinem späteren Besitzer, dem Kauf- und Handelsherrn Schreiber

Villa Schulenburg
Straße des Friedens 120
Frisch saniertes Jugendstilensemble mit einer Ausstellung über bauzeitliche Dokumente und Porzellan im Jugendstildesign

Stadtführung zu Bauten Thilo Schoders
Bedeutendster Schüler von Henry van de Velde
53 Bauten und Innenausstattungen aus den Jahren 1929-32

St. Johanniskirche
Zabelstraße 2
Tel. 03 65/8 00 46 73
1881-85 im neogotischen Stil erbaute Kirche
Heimstätte des Sarkophags von Heinrich Posthumus (1572-1635)
Führungen müssen telefonisch angemeldet werden

Theater Altenburg-Gera
ehemaliges Residenztheater
Küchengartenallee 2
Tel. 03 65/8 27 90

Bad Köstritz. Schwarzbierbrauerei. Nachdem die alte Brauerei in der ehemaligen Schloßanlage zu klein wurde, erfolgte 1906 die Grundsteinlegung für diese neue Braustätte.

und -liebhabern hoch geschätzt. Es ist zu einem begehrten Ostthüringer Exportartikel und Markenzeichen geworden.

Das dritte „B" steht für Bad. 1865 war das Kurhaus für Sole und Sandbäder errichtet worden, das wegen seines Verfalls Mitte der neunziger Jahre abgerissen werden mußte. Aufgrund seiner qualifizierten Kurtherapien für Bewegungsgeschädigte und Rheumakranke hatte Köstritz 1926 den unter Kurstädten so begehrten Zusatz zugesprochen bekommen.

Der Ort verdankt seine Blütezeit Heinrich XXIV. von Reuß-Köstritz, der als Zweitgeborener derer von Reuß-Schleiz zwar keine Regierungskraft besaß, aber aufgrund seiner persönlichen Begabungen und seines Engagements nach 1690 zu einem der bedeutendsten Reußen heranwuchs. Er war an wesentlichen Reformen auf dem Gebiet der Bildung und Sozialpolitik beteiligt, darunter an der Zuchthaus- und Schulreform. In der eigenen Großfamilie war er aufgrund seiner pädagogischen Fähigkeiten so geschätzt, daß ihm die Vormundschaft über künftige reußische Landesherren der jüngeren wie älteren Linie zugesprochen wurde. Er wurde „Diplomat für schwere Fälle" genannt und galt als großer Erzieher, der vieles zu inspirieren vermochte. Unter anderem förderte er die Gründung eines Waisenhauses in Greiz.

Unter Heinrich XXIV. entstand auch die barocke Köstritzer Residenz. Die großzügig bemessene Vierflügelanlage mit Innenhof besaß ein reich verziertes Mittelportal im Rokokostil, verziert mit dem Wappen der Reußen. Aufgrund unterlassener Erhaltungsarbeiten nach 1945 ist die einstige Schloßanlage nur noch teilweise erkennbar. Erhalten blieb der weiträumige englische Landschaftspark, der um 1800 unter Heinrich XLIII. als Landschaftsensemble angelegt worden war. Die bis an die Flurgrenzen von Gera-Thieschitz und Hartmannsdorf reichende, über 100 Hektar grüne Oase mit einer Vielzahl gartenkünstlerischer und ausgesprochen dekorativ wirkender Elemente, wie Musentempel, Burgbrücke und Parkteich mit Amalienstein, lädt noch heute zu romantischen Spaziergängen ein. Die gartenarchitektonische Ausstattung stammte vom späteren preussischen Geheimen Oberbaurat Karl-Friedrich Schinkel.

Bad Köstritz ist aber vor allem die Stadt des Heinrich Schütz (1585-1672), der als „Vater der deutschen Musik" gilt. Der 1585 im Ort geborene Komponist fiel bereits als musikalisch hochbegabtes Kind auf und wurde 1598 in Weißenfels, wohin die Familie Schütz übersiedelt war, von Landgraf Moritz von Hessen-Kassel entdeckt. Aufgrund seines Talents erhielt er die Möglichkeit, nach Kassel an die Hofschule zu gehen, ab 1608 studierte er in Marburg Jura. Doch seine Musikliebe war stärker als die Neigung zur Juristerei, und der kunstsinnige Moritz von Hessen verschaffte Heinrich Schütz ein mit jährlich 200 Talern dotiertes Stipendium für eine Italienreise. Schütz ging zum Musikstudium nach Venedig, seine erste große Komposition (Opus 1 - Italienische Madrigale) entstand 1611.

Gera. Hauszeichen über der Eingangstür in der Schuhgasse.

Schütz war freundschaftlich mit dem Haus Reuß jüngere Linie verbunden. Als der von ihm verehrte Landesvater Heinrich Posthumus verstorben war, verfaßte er zu dessen Gedenken die bewegende Trauermusik „Musikalische Exequien". Das Stück wurde nach der Zerstörung Dresdens im Zweiten Weltkrieg mehrmals im Dresdner Opernhaus zur Erinnerung an die Opfer aufgeführt. Heinrich Schütz ist vor allem als Komponist geistlicher Musik in den Annalen der Geschichte verzeichnet. Seine von biblischen

Stoffen inspirierten mehrchörigen Kompositionen wurden in vielen europäischen Städten aufgeführt und entfalten noch heute als Kirchenmusik eine anhaltende Gefühlsaufwallung. Der Höhepunkt seines Wirkens war die Zeit, in der er (ab 1617) kurfürstlich-sächsischer Hofkapellmeister in Dresden war. Zu seinem umfangreichen Repertoire gehören neben Kirchenmusik und geistlichen Konzerten Tafelmusik, Fest- oder Tanzmusik, „politische“ Festmusik und private Auftragswerke.

Geblieben ist in Köstritz das Geburtshaus von Heinrich Schütz, das als „Oberschenke“ bereits 1505 in einer Urkunde erwähnt wird. Die Familie Schütz bewirtschaftete es einige Zeit. 1985, aus Anlaß des 400. Geburtstages des Komponisten, wurde es zur Forschungs- und Gedenkstätte erklärt. Die Dauerausstellung stellt das Leben des Komponisten in das kulturelle Umfeld seiner Zeit und in die Geisteswelt des 16. und 17. Jahrhunderts. In einem der Säle finden regelmäßig Konzerte statt, so daß das Haus auch zu einer Begegnungsstätte geworden ist.

Ein weiterer berühmter Köstritzer ist der Theologe und Heimatdichter Julius Sturm (1816-1896), und auch er verdankt seiner Verbindung zum fürstlichen Haus seinen Aufstieg zum renommierten Pädagogen, der seiner Zeit voraus war. Heinrich LXIV. ermöglichte Sturm das Studium in Jena, danach wurde er zum Erzieher, später zum Berater des Erbprinzen Heinrich XIV. in Schleiz berufen. Daß der Prinzennachwuchs ein fortschrittlicher Landesherr wurde, mit Liebe zur Heimat und Verständnis für seine Untertanen, wird auf den Einfluß Sturms zurückgeführt. Nach dessen Tod ließ man ihm zu Ehren im Köstritzer Schloß ein Gedenkzimmer einrichten, das leider zerstört wurde. 1897 stiftete Fürst Heinrich XIV. ein Grabmal auf dem neuen Friedhof, und die Köstritzer Gemeinde errichtete im Stadtzentrum ein Sturm-Denkmal, das noch heute zu besichtigen ist. Als Heimatdichter nimmt Julius Sturm einen Platz in der deutschen Literaturgeschichte des 19. Jahrhunderts ein. Er veröffentlichte über 30 Bücher mit Gedichten, Märchen und Fabeln.

Gera, noch kurz vor Ende des Zweiten Weltkriegs bombardiert, gehört zu den zu Unrecht vergessenen Kulturstädten. Die Stadt liegt am Schnittpunkt historisch bedeutsamer Verkehrswege und war – neben Greiz – eine der Schaltzentralen im Land der Reußen. Die einstige Residenz der Fürsten Reuß jüngere Linie ist die zweitgrößte Stadt Thüringens (ca. 117 000 Einwohner), das Oberzentrum Ostthüringens und hat sich trotz ihres mittlerweile großstädtischen Ausmaßes ihren kleinstädtischen Charakter bewahren können. Wer wissen will, wie es vor dem Zweiten Weltkrieg in einer deutschen Mittelstadt ausgesehen hat, sollte durch Geras Altstadt flanieren. Sie hat sich mit ihrem historischen Innenstadtkern noch ganz das Ambiente von gestern bewahrt. Ein Spaziergang läuft hier unwillkürlich auf eine Zeitreise hinaus. Lange bevor es in der weiten Talaue am Mittellauf der Weißen Elster die Stadt gab, war das Gebiet schon besiedelt. 1874 wurden bei Straßenbauarbeiten in der Pfortner Straße in der Lindentaler Hyänenhöhle Funde aus der Altsteinzeit gemacht, die belegen, daß vor ungefähr 80 000 Jahren bereits Neandertaler in der Gegend waren. In der Höhle fand man von Menschenhand gefertigte Werkzeuge der Urzeit, darunter den Faustkeil. Auch aus der

Mittelsteinzeit (vor 10 000 bis 5000 Jahren) und späteren Epochen wurden Zeitzeugnisse gefunden, so daß anzunehmen ist, daß die Geraer Region jahrtausendelang Durchzugs- und Siedlungsgebiet war.

„Bekannt sei allen unseren Getreuen, so Lebenden wie Zukünftigen, daß wir unserer uns sehr liebenden Schwester Adelheid, der verehrungswürdigen Äbtissin, einen Gera genannten Landstrich zu eigen gegeben haben“, heißt es in der Schenkungsurkunde des Kaisers Otto III. vom 26. April 999. Zum ersten Mal taucht hier der Name Gera auf – als Landschaftsbezeichnung, denn die in Latein abgefaßte Urkunde nennt

Erlebnis

Gera

Otto-Dix-Haus
Mohrenplatz 4
Tel. 03 65/8 32 49 27
Museum und Galerie des Malers und Grafikers

Schloß Osterstein
Das reußische Residenzschloß wurde 1945 zerstört. Überreste können besichtigt werden, u.a. Bergfried, Wolfsbrücke, Untergeschoß des Nordflügels, Hofanlage des Unteren Schlosses mit Remisen

Orangerie
des ehemaligen Schlosses Osterstein, mit französischem Garten
Küchengartenallee 4
Tel. 03 65/8 32 21 47
Kunstgalerie: Malerei, Grafik und Plastik vom 16. Jahrhundert bis zur Gegenwart; mittelalterlicher Flügelaltar um 1500

Junge Stadtführer Gera e.V.
Tel. 03 65/3 67 14
Stadtführungen, Rathausturmbesteigungen und Stadtrundfahrten an Wochenenden, auch mit der historischen Straßenbahn, initiiert durch lokal engagierte Schüler und Studenten

Erlebniskneipe „Gummistiefel“
Berliner Straße 38
Tel. 03 65/4 34 47 38
Auf dem Gelände des in den 50er Jahren erbauten Ledigenwohnheimes für die Wismut-Kumpel entstand eine Kneipe besonderer Art. Regionaltypische Hausmannskost, Köstritzer Bier und Spirituosen, Live-Musik

Kabarett „Fettnäppchen“
Tel. 03 65/2 31 31
1973 in Gera gegründet, genießt es mit seiner scharfzüngigen politischen Satire einen guten Ruf über die Grenzen Thüringens hinaus. Gespielt wird im Keller des Geraer Renaissance-Rathauses – dem

Gera. Der Simson-Brunnen (1685/86) und das Renaissance-Rathaus.

Essen und Trinken

Restaurant Elstertal
Bahnhofstraße 98
07586 Bad Köstritz
Tel. 03 66 05/22 39

Restaurant Zum Frosch
Mühlgraben 1
07586 Bad Köstritz
Tel. 03 66 05/8 52 65
Beide Restaurants bieten Thüringer Küche

Wirtshaus Zur Klippe
Dorfstraße 79
07586 Hartmannsdorf
Tel. 03 66 05/8 58 16

Für Rad- und Wanderfreunde lohnt sich die Tour ins idyllisch gelegene Hartmannsdorf und die Einkehr in das traditionelle Wirtshaus mit seiner gutbürgerlichen Küche

Ratskeller zu Gera
Markt 1
07545 Gera
Tel. 03 65/8 32 13 79
Gutbürgerliche Küche

Ausflugstip

Ausflugslokal
Schloß Osterstein
Tel. 03 65/8 32 12 31
Gerichte nach Originalrezepten der reußischen Köche aus dem Kochbuch des ehemaligen Schlosses Osterstein
Benutzt werden ausschließlich erlesene Zutaten

Restaurant
Milos Waldhaus
Mühltal 9
07639 Weißenborn
Tel. 03 66 01/ 8 34 05

Nach einer ca. 10 km langen Wanderung durch das Mühltal ist der Gasthof erreicht, das ehemalige Wohnhaus von Milo Barus (1906-77), „dem stärksten Mann der Welt"

Gera. Kanzel der barocken Salvatorkirche.

eine „provincia". Für das 12. Jahrhundert ist auf dem rechten Ufer der Elster auf einem Plateau oberhalb einer Furt eine Burg verbürgt. In ihrem Schutz ließen sich Handwerker und Kaufleute nieder. Die Lage war günstig, stellte doch die Elsterfurt eine Kreuzung mehrerer wichtiger Handelsstraßen dar, die in Süd-Nord-Richtung von Nürnberg nach Leipzig und in West-Ost-Richtung als „Alte Salzstraße" von Halle über Werdau und Zwickau nach Böhmen führten. In einem Schriftstück jener Zeit wird die Siedlung erstmals als „villa" (Dorf) bezeichnet. Der Begriff Gera – ursprünglich Geraha – wurde in einer Urkunde von 1237 zum ersten Mal genannt, darin ist von „cives oppidi de Gera", von „Bürgern der Stadt Gera", die Rede. Das Wort „Geraha" ist germanischen Ursprungs und wird als „keilförmiges Landstück" interpretiert, die Silben „aha" bedeuten „Wasser". Damit könnte ein Flußabschnitt der Weißen Elster an einer Bachmündung gemeint sein. 1237 erhielt Gera das Stadtrecht.

Die Weiße Elster durchströmt heute Gera von Röppisch bis Langenberg in einer Länge von zwölf Kilometern. Der Flußlauf war seinerzeit noch nicht begradigt, die mehrmals im Jahr auftretenden Überschwemmungen brachten viel Unheil über die Siedlung. Doch die Elster war auch Ernährungsquelle und Transportweg, Fischfang und Holzflößen verschafften vielen Menschen Arbeit. Sogar Flußperlmuscheln wurden gefunden. Im Dresdner Grünen Gewölbe ist ein Collier aus Elsterperlen ausgestellt, das August der Starke einer seiner Mätressen verehrte.

Im 13. Jahrhundert entwickelte sich Gera zum gewerblichen Zentrum Ostthüringens. Die Schafzucht des Umlandes versorgte das Tuchmachereigewerbe mit wollenem Nachschub, so daß es zur wichtigsten Zunft der Stadt aufstieg. 1487 wurden die „Geraer Statuten" verfaßt, das älteste schriftlich überlieferte Geraer Stadtrecht, das für mehrere Ostthüringer Städte zum Vorbild wurde. Im 16. Jahrhundert kamen aus den Niederlanden vertriebene Zeugwirker und Schönfärber nach Gera und brachten die neuesten Kenntnisse über die Verarbeitung des Kammgarns mit. Dadurch erhielt das Textilhandwerk entscheidende neue Impulse. Der holländische Großkaufmann Nicolaus de Smit ließ sich 1595 in der Stadt nieder, führte frühindustrielle Produktionsmethoden ein und ließ junge, fähige Geraer zu Kaufleuten ausbilden, womit die Entwicklung Geras zur Handelsstadt einsetzte.

In der Erbteilung von 1564 erhielten die Herren Reuß jüngere Linie die Herrschaft Gera. Heinrich der Jüngere, der Begründer der jüngeren Linie, begann mit dem Ausbau des Residenzschlosses auf dem Osterstein. Das Schloß wurde 1945 zerstört, in den sechziger Jahren wurde die Schloßruine abgerissen. Übrig blieben nur der Bergfried der Burg aus dem 12. Jahrhundert, heute ein beliebter Aussichtspunkt auf Gera und das Elstertal, außerdem Wolfsbrücke, Untergeschoß des Nordflügels, Remisen und die Hofanlage des unteren Schlosses. Geblieben ist aber auch die Erinnerung an einen repräsentativen Residenzbau mit 160 Räumen, einer großen Bibliothek und einer Vielzahl von Kunstschätzen. Anfang des 20. Jahrhunderts wurden Teile der reußischen Kunstsammlungen aus einzelnen Schlössern auf Osterstein zusammengefaßt. Dazu gehörten neben Münzen, Waffen, Porzellan, Glas, Silber und Gemälden auch reiche Ausstattungsgegenstände wie Ahnen- und Gobelinteppiche. Marmor-, Bilder- und Musiksaal waren gediegen eingerichtet.

Dem Sohn Heinrichs des Jüngeren, Heinrich Posthumus (der Nachgeborene), ist der wirtschaftliche und kulturelle Aufstieg der Stadt um die Wende vom 16. zum 17. Jahrhundert vorrangig zuzuschreiben. Seinen Namen erhielt er, weil er erst nach dem Tod seines Vaters das Licht der Welt erblickte. Posthumus (1572-1635) bewährte sich als energischer Ordner der Verhältnisse, er schuf Zentralbehörden (Kanzlei und Konsistorium), gründete das Gymnasium Rutheneum als Landesschule und stärkte durch günstige Rahmenbedingungen das Textilgewerbe. Jedoch konnte er trotz seiner testamentarischen Verfügungen die nach seinem Tod einsetzende mehrfache Teilung von Reuß jüngere Linie nicht verhindern. Ab 1647 entstanden die selbständigen Herrschaften Reuß-Gera, Reuß-Schleiz,

Reuß-Lobenstein und Reuß-Saalburg. 1995 wurde der prunkvolle barocke Sarg des einstigen Landesfürsten gemeinsam mit anderen Sarkophagen aus einer unbegehbaren Gruft der Salvatorkirche in die St.-Johannis-Kirche von Gera überführt. Der reichverzierte Posthumus-Sarg hat kunsthistorischen Wert und wird zum nationalen Kulturerbe gezählt. Die Gebeine darin sind allerdings verschollen.

Nachdem sich 1848 die drei reußischen Teilherrschaften Schleiz, Lobenstein-Ebersdorf und Gera vereinigt hatten, ernannten sie Gera zur Hauptresidenz der jüngeren Linie. Der reußische Hof förderte das wirtschaftliche und kulturelle Leben in Gera und gab damit der Stadtentwicklung entscheidende Impulse.

Geras Marktplatz zählt zu den schönsten Thüringens. Neben dem schon erwähnten Rathaus (1576 vollendet), einem dreigeschossigen Renaissancebau aus der Posthumus-Zeit, überragt von einem 57 Meter hohen Turm, der erstiegen werden kann, ist vor allem der üppig verzierte Renaissance-Erker der Stadtapotheke ein Blickfang. Darauf ist neben vier Jahreszeiten und den zehn Apostelfiguren auch ein reußisches Wappen dargestellt. In der Marktmitte steht der über 300 Jahre alte Brunnen mit der Figur des Simson, der einem Löwen den Rachen aufreißt. Vom Marktplatz geht die Schuhgasse ab, in der jeder Spaziergänger seine Schritte unwillkürlich verlangsamt, sobald er angefangen hat, die

unteren Fassadenzonen der Plattenbauten zu studieren. Der Eingangsbereich der Häuser wurde mit Motiven aus der Stadtgeschichte geschmückt. Sie zeigen das Bild eines Tante-Emma-Ladens oder das Längenmaß „Geraer Elle“ (0,572394 m), nach dem sich jeder Bürger der Stadt zu richten hatte.

Prägend für das Stadtbild sind auch die Kirchen aus verschiedenen Epochen. Neben der evangelisch-lutherischen St.-Trinitatiskirche aus dem 14. Jahrhundert – das älteste vollständig erhaltene Gebäude der Geraer Innenstadt –, der spätgotischen St.-Marien-Kirche und dem neogotischen Backsteinbau der evangelischen St.-Johannis-Kirche thront auf einem Hügel über allen Gotteshäusern die barocke St.-Salvator-Kirche, 1720 vollendet von David Schatz, dem sächsischen Hofbaumeister unter August dem Starken, und später innen im Jugendstil ausgestattet.

Unter Geras Sehenswürdigkeiten gibt es zwei, die besonders an die Reußen erinnern: das Theater und die Orangerie des Schlosses Osterstein. Das Theater nordwestlich des Stadtzentrums zeigt an seiner Fassade Neorenaissance und innen Jugendstil. Als vor einem Jahrhundert Gera zu den wohlhabenden deutschen Kommunen zählte, waren sowohl Bürgertum als auch Adel bestrebt, die Stadt zu einer würdigen thüringischen Residenz zu gestalten. Man beschloß, einen prachtvollen Theaterbau zu errichten. Gewonnen werden konnte der damalige Stararchitekt für Theaterbauten, Heinrich Seeling aus Berlin, der Erbauer des dortigen Theaters am Schiffbauerdamm. 1901 bis 02 erbaut, trug das repräsentative Geraer Gebäude zuerst den Namen „Neues Fürstliches Hoftheater“. Der Name wurde in der Weimarer Republik in „Reußisches Theater“ umgewandelt (1918-45). Der dekorative, seinerzeit technisch hochmoderne Musentempel mit Rangtheater, Konzertsaal und prachtvollen Deckengemälden kostete die immense Summe von 1 102 837 Goldmark. Die Fürstliche Kammer kam für mehr als die Hälfte der Baukosten auf und übernahm auch den Großteil der Unterhaltskosten. 700 000 Reichsmark pro Jahr, etwa sieben Millionen Mark, flossen aus dem Privatvermögen der Reußen in ihr geliebtes Theater.

Heinrich XLV. Erbprinz Reuß war gar in den dreißiger Jahren des 20. Jahrhunderts als Intendant und Chefdramaturg tätig. Er liebte die Moderne, Brechtstücke standen noch auf dem Spielplan, als die Nationalsozialisten den Dichter längst ins Exil gezwungen hatten. Mit ihrem Theater, einem kostbaren Kleinod, haben sich die Reußen und die Geraer Bürger ein Denkmal gesetzt. Die Bühne konnte früher durchaus mit denen von Weimar und Meiningen konkurrieren. Der Theaterdichter Zuckmaier hat für dieses Haus Stücke geschrieben, viele bekannte Schauspieler der ersten Hälfte des 20. Jahrhunderts sind hier aufgetreten, bedeutende Inszenierungen fanden statt. Heute ist das Haus mit der Bühne im benachbarten Altenburg eine Fusion als Theater GmbH eingegangen.

Die Orangerie war ursprünglich Bestandteil der

Unterkunft

Schloßhotel
Julius-Sturm-Platz 9
07586 Bad Köstritz
Tel. 03 66 05 / 3 30
Fax 03 66 05 / 3 33 33

Dorint Hotel
Berliner Straße 38
07545 Gera
Tel. 03 65 / 4 34 40
Fax 03 65 / 4 34 41 00

Courtyard by Marriott Hotel
Gutenbergstraße 2a
07548 Gera
Tel. 03 65 / 2 90 90
Fax 03 65 / 2 90 91 00

Gera. Das Otto-Dix-Museum am Mohrenplatz wurde zu Ehren des 1891 in Gera-Untermhaus geborenen Künstlers eröffnet.

Parkanlagen im französischen Stil, die unter Heinrich XVIII. zwischen 1729 und 1732 erbaut wurden. Die halbkreisförmige Anlage ist dominiert von einem zweigeschossigen Mittelpavillon mit breiter Tordurchfahrt. Die beiden halbkreisförmig gekrümmten Pavillons besaßen einst eingeschossige Zwischenbauten, auf deren Flachdächern in den Sommermonaten Orangen- und Zitronenbäume blühten. Die Fürsten huldigten hier der Mode ihrer Zeit, der Zucht von über 800 exotischen Pflanzen und Bäumen aus aller Welt. Nachdem 1802 die Funktion als Wintergarten aufgegeben wurde, erlitt die Orangerie ein wechselvolles Schicksal als Pferdestall, Lazarett, Kaserne und Turnhalle. Heute beherbergt sie die Kunstsammlung Gera mit Werken aus dem 16. bis 20. Jahrhundert. Viele reußische Prinzessinnen und Prinzen sind auf Gemälden dargestellt. Zahlreiche unter den rund 10 000 grafischen Blättern stammen von berühmten Künstlern.

Zu Geras Augenweiden gehören aber auch die Industriearchitektur der Gründerzeit und städtische Straßenzüge mit historischen und jugendstilistischen Schmuckfassaden. Die Fülle der Gründerzeitbauten prägt bis heute Teile der Innenstadt. Es sind Wohnhäuser, Kommunalbauten, Industrieanlagen und Villen des Großbürgertums. In der Gestaltung der Villengärten entwickelte Gera eine Eigenart: Viele Gärten besitzen eine Grotte oder terrassierte Kalksteinanlagen, ein Lindenoval und aufwendige Einfriedungen.

Herausragend aus dem Kreis architektonischer Leistungen ist die Wohn- und Gartenanlage des belgischen Architekten und Künstlers Henry van de Velde (1863-1957) für den Geraer Seidenwarenfabrikanten Paul Schulenburg. Die 1913/14 entstandene Anlage präsentiert sich in ihrer äußeren Gestalt bis hin zu Einrichtungsgegenständen als reines Jugendstilensemble. Auch Thilo Schoder leistete mit seinen Industrie-, Siedlungs- und Wohnbauten einen in Dichte und Konsequenz einmaligen Beitrag zur modernen Architektur in Deutschland in der Zeit der Weimarer Republik.

Als größter Sohn der Stadt im künstlerischen Bereich gilt aber der Maler Otto Dix. Er wurde 1891 am Untermhäuser Mohrenplatz geboren, einem der stimmungsvollsten deutschen Plätze. Sein Geburtshaus wurde 1991, anläßlich von Dix' 100. Geburtstag, rekonstruiert und als Kunstmuseum eröffnet. Man überquert auf dem Weg dorthin die Elsterbrücke mit ihrem gußeisernen Geländer, blickt auf den munter dahinplätschernden Fluß, auf frisch aufgehellte Fassaden von Bürgerhäusern und die Kirche St. Marien. Gleich hinter dem Gotteshaus steht das Gebäude, dessen musealer Teil die Atmosphäre eines einfachen Arbeiterhaushalts um die Wende zum 20. Jahrhundert vermittelt. Hier sammelte der junge Dix die Impressionen, die er später zum künstlerischen Werk aufbereitete. Hier besuchte er die bescheidene Ortsschule, erhielt erste künstlerische Anregungen vom Zeichenlehrer Ernst Schunke und absolvierte eine Dekorationsmalerlehre, bis der Fürstenhof auf ihn aufmerksam wurde.

Heinrich XXVII. gab dem jugendlichen Ungestüm, dessen künstlerisches Talent offenkundig war, eine Richtung, indem er ihm mit einem Stipendium den Besuch der Dresdner Kunstschule ab 1910 ermöglichte. Damit war die Grundlage gegeben, auf der Otto Dix zu einem Maler von europäischer Bedeutung reifte. Berühmt geworden ist er durch seine zeitkritischen Figurenbilder und die Darstellungen des Grauens im Ersten Weltkrieg – z.B. das Großbild „Flandern“, das in der Kunstwelt neben Pablo Picassos „Guernica“ gestellt wird –, aber auch des neureichen Bürgertums des ersten Jahrhundertdrittels.

Auch während des Dritten Reiches wurde Otto Dix durch Bilderankäufe von Mitgliedern des Hauses Reuß unterstützt.

Gera. Tinzer Schloß.
Das barocke Wasserschloß mit Elementen des Rokoko wurde unter Heinrich XXV. Reuß jüngere Linie im Jahre 1748 als Lustschloß und Sommerresidenz erbaut.
Heute dient es als Außenstelle des Landgerichtes Gera.

Gera. Theater Altenburg-Gera, 1901/1902 erbaut unter Heinrich XXVII. Reuß jüngere Linie als Hoftheater.

Gera. Der Kornmarkt, früher Töpfermarkt genannt, befindet sich unmittelbar hinter dem Rathaus.

Gera. Fassade in der Leipziger Straße.

Gera. Orangerie im Küchengarten.

Gera. Romanischer Bergfried von Schloß Osterstein. Von der ehemaligen Residenz der Fürsten Reuß jüngere Linie blieben nach dem Krieg nur der Bergfried und einige Wirtschaftsgebäude erhalten.

Gera. Vom Bergfried Schloß Osterstein kann man erholsame Spaziergänge in den nahegelegenen Stadtwald unternehmen.

Gera. Die Orangerie, welche zu Schloß Osterstein gehörte, wurde unter der Herrschaft von Heinrich XVIII. Reuß jüngere Linie erbaut und gehört heute mit dem Otto-Dix-Haus zu den Kunstsammlungen Gera.

Gera. Orangerie.

Gera. Die Salvatorkirche wurde 1717-1720 im barocken Stil von David Schatz erbaut.

EISCAFÉ KÖCHER
EISCAFÉ KÖCHER
Vorsicht!
Dieses Eis läßt keinen kalt!
Schlemmen Sie bei uns.
Dietel's Speisenbar

Gera. Die heutige Erlebniskneipe „Gummistiefel" im Dorint Hotel.

Kulinarische Köstlichkeiten aus Thüringen.

Gera. Traditionelle Flanier- und Einkaufsmeile auf der Sorge.

Landschaft bei Löbichau.

Schmölln. Marktplatz.

Von Ronneburg zur Burg Posterstein und nach Schmölln

Information

Stadtverwaltung Ronneburg
Markt 1
07580 Ronneburg
Tel. 03 66 02/53 60
Fax 03 66 02/9 22 83

Schmölln-Information
Kirchplatz 8/9
04626 Schmölln
Tel. 03 44 91/76 92
Fax 03 44 91/76 32

Wissenswert

Ronneburg
1209 erstmals urkundlich erwähnt, gehörte es bis 1244 zu den Vögten von Weida. 1304 kam es zur jüngeren Linie des Hauses Reuß-Greiz. 1826 wird Ronneburg Bestandteil des Herzogtums Sachsen-Altenburg.

Uranerz-Abbau in Ronneburg
40 Jahre wurde auf einer Fläche von 20.000 Hektar Uranerz abgebaut. Heute zeugen noch Halden und Fördertürme von dieser Geschichte. Es ist eines der größten Sanierungsgebiete Ostdeutschlands und ein Projekt der Expo 2000.

Posterstein
Burg Posterstein liegt zwischen Gera und Altenburg im Landkreis Altenburger Land, über der Sprotte, einem Nebenfluß der Pleiße.
Zeitweise gehörte es zur Herrschaft Reuß jüngere Linie und war Streitobjekt zwischen Wettinern und Reußen.

Schmölln
liegt im Sprottental; gehörte ehemals zur Herrschaft Reuß-Plauen.

Die Steinnuß
Knöpfe aus Metall, Horn, Perlmutt oder Leder sind bekannt. Was aber sind Knöpfe aus Steinnuß? Steinnüsse sind die Samen einer Palmenart, die in Südamerika, vorwiegend in Kolumbien, Ecuador und Peru wächst. Die Früchte haben die Größe eines Menschenkopfes und sind bis zu 25 Pfund schwer. Der Fruchtstand ist zusammengewachsen aus sechs bis zehn Einzelfrüchten, mehrfächrig bergen sie in jedem Fach einen Samen – die Steinnuß. Der Samen ist von einer 1 mm schmalen Hülle umgeben und wirkt elfenbeinartig. 1896 wurden die Nüsse das erste Mal über die Schiffahrt nach Europa gebracht, und die Knopfindustrie entdeckte das Material für sich.

Eine neue Tourismuslandschaft, ein Kleinod und die Knopfstadt

Von Ronneburg zur Burg Posterstein und nach Schmölln

Der Ausflug in die Gegend östlich von Gera lohnt sich. Von der Bundesstraße 7 aus gibt es in den Lücken zwischen den Alleebäumen Durchblick auf aschgraue Spitzkegel, die aus Rapsfeldern und Birkenhainen über 100 Meter hoch in den Himmel wachsen. Von 1946 bis 1990 förderten die Kumpel in den Bergwerken der sowjetisch-deutschen Aktiengesellschaft Wismut rund 220 000 Tonnen Uran aus einem Tagebau und ungezählten Stollen. Der Rohstoff wurde gebraucht für die Waffenindustrie und die Reaktoren in den Kernkraftwerken. Heute ist die Wismut als bundeseigene GmbH fast ausschließlich damit befaßt, die Schäden des jahrzehntelangen Raubbaus an Landschaft und Natur in Ostthüringen und Südsachsen zu beseitigen.

Da der Boden pro Tonne Gestein nur 50 Gramm Uran enthielt, mußten gewaltige Erdmassen umgewälzt werden. Allein in Ronneburg, nur ein paar Kilometer von Gera entfernt, lagern auf 220 Hektar etwa 70 Millionen Kubikmeter aufgewühlte Erde. Gigantische Kipplaster transportieren täglich rund 40 000 Kubikmeter Geröll und füllen damit das 240 Meter tiefe Loch des Tagebaus Lichtenberg. Der Schutt von Zechentürmen, Wetterschächten und Betriebsgebäuden wird recycelt, das Gelände wieder komplett begrünt. Um 2015 sollen auf der gigantischen Fläche Bäume, Büsche und Gräser wachsen. Rund 13 Milliarden Mark werden für die Sanierung der Altlasten der Wismut ausgegeben.

Schon 2007 will die Region Gera-Ronneburg ein Zeichen setzen. Die Bundesgartenschau wird dort stattfinden. Bis dahin ist noch viel zu tun auf einer der größten Baustellen Europas. Zum Vergleich: Wenn der Potsdamer Platz in Berlin umgestaltet sein wird, sind dort 10 Millionen Kubikmeter Material bewegt worden. Das schaffen die Bergleute im Ronneburger Revier in einem Jahr. Mit ausgetüftelter Logistik werden auf einer Länge von 983 Kilometer unterirdische Gänge, in denen der Abbau stattfand, stillgelegt und geflutet. Schlammteiche werden mit modernster Technik saniert. Alles, was es an High-Tech gibt und zum Einsatz gebracht werden kann, wird genutzt, um der Natur zu ihrem Rückkehrrecht zu verhelfen. Eine Generationenaufgabe, eine Herausforderung für eine ganze Region. Wieder einmal krempeln Kumpel die Ärmel hoch und wünschen sich ein „Glück auf". Sie tragen mit ihrer Arbeit am meisten dazu bei, daß die Gegend wieder eine Perspektive hat.

Das Kur- und Badestädtchen Ronneburg wurde um 1209 erstmals urkundlich erwähnt. Vereinzelte Spitzkegelhalden nahe Ronneburg, die wie Zipfelmützen auf dem Ort sitzen, verdecken fast die winzig erscheinenden Kirchtürme umliegender Dörfer. Manche birkenbestandene Anhöhe erweist sich als Abraumberg, mancher lieblich anmutende Weiher als Auffangbecken für Sickerwasser aus den Halden. Die Szenerie entwickelt bereits ihren eigenen Reiz. Die „Revitalisierung der Uranerzbergbaufolgelandschaft Ostthüringen", wie das Programm offiziell genannt wird, trägt erste Früchte. Es entsteht genau nach Plan eine Region, die schon heute für den Tourismus von morgen präpariert wird und über eine vorzügliche Infrastruktur verfügen soll. Seit 1999 werden im Rahmen eines Expo-Projekts geführte Touren angeboten. Die Teilnehmer erahnen, wie es hier in einem Jahrzehnt aussehen wird.

Es wird nicht nur eine Renaturierung der

Ronneburg. 1304 gehörte das Schloß Ronneburg zur Herrschaft Reuß-Greiz jüngere Linie.

Erlebnis

Ronneburg

Revitalisierung der Uranerzbergbau-Folgelandschaft
Expo-Büro Ronneburg
Brunnenstraße 24
Tel. 03 66 02/6 34 10
Fax 03 66 02/6 34 12
Gruppenführungen nach Vereinbarung

Posterstein

Museum Burg Posterstein
in der Höhenburg
Tel. 03 44 96/2 25 95
Täglich Führungen durch die Kirche und die Burg

Gemeinde Nöbdenitz
Im Mittelpunkt des Ortes gibt es eine 1000jährige Eiche von 12 Meter Durchmesser, in der 1824 der Altenburger Minister von Thümmel auf einer Moosbank sitzend zwischen den Wurzeln der Eiche beigesetzt wurde

Schmölln

Knopf- und Regionalmuseum
Grenzstraße 2
Tel. 03 44 91/76 92
Neben der Regionalgeschichte dreht sich alles um den Knopf

Landschaftsschutzgebiet Oberes Sprottental

Altenkirchen
Am Freibad 7
Tel. 03 44 91/2 22 33
Ausstellung zum traditionellen bürgerlichen Handwerk

Essen und Trinken

Hotel und Restaurant, Gambrinus
Markt 40
07580 Ronneburg
Tel. 03 66 02/3 42 04

Pension und Gaststätte Schützenhaus
Schießgasse 11
07580 Ronneburg
Tel. 03 66 02/2 32 71
Rustikales Räuberstübchen mit Räubermahl

Gastwirtschaft Burggeist
Haus Nr. 79a
04626 Posterstein
Tel. 03 44 96/6 08 41
Musikschänke mit singendem Wirt in einem über 600 Jahre alten Kreuzgewölbe

Gaststätte und Hotel Zur Burg
Dorfstraße 44 a
04626 Posterstein
Tel. 03 44 96/65 10
Fax 03 44 96/65 139
Uriges Hotelrestaurant mit deftiger Küche

Hotel Reussischer Hof
Gößnitzer Straße 14
04626 Schmölln
Tel. 03 44 91/2 31 08
Fax 03 44 91/27 77 58
Thüringisch deftige Küche in der Reußenstube und im Sommer im Innenhof

Landschaft betrieben, sondern auch ihre Aufwertung. Ein flächenmäßig weitgestreckter regionaler Grünzug wird sich durch das östliche Ostthüringen ziehen, bis zur sächsischen Grenze, idyllisch anmutende Biotope und Fließgewässer wird es geben. Noch ist mancherorts die schöne neue Welt schwer vorstellbar, dennoch wird sie bereits zügig verfertigt. Bei Ronneburg werden im wahrsten Sinn des Wortes Berge versetzt, der Reisende kann eine Landschaft betrachten, die sich stetig verwandelt. Das gibt es in diesem Umfang in Europa kein zweites Mal. Und in Ronneburg, das zur DDR-Zeit darniederlag, wäre es gar möglich, den einstigen Kurbetrieb mit Radonbädern wiederzubeleben. Radioaktives Wasser kuriert Kranke, die an Ischias, Gicht und Rheuma leiden, vorzüglich.
Über der Sprotte, einem Nebenfluß der Pleiße, stemmt sich die mittelalterliche Höhenburg Posterstein in den Himmel. Ihre Geschichte reicht über 800 Jahre zurück, bis in die Zeit Kaiser Friedrich I. Barbarossa. Damals war es üblich,

Schmölln. Das Rathaus von Schmölln, Kleinstadt im Altenburger Hügelland, ist ein Barockbau von 1772.

daß für treue militärische Dienste Lehen vergeben wurden. So entstand auch die auf einem Felsvorsprung errichtete Befestigungsanlage Posterstein, 1191 erstmals erwähnt. Sie diente der Sicherung des Grundbesitzes und der Bewirtschaftung belehnten Bodens durch die in Frondienste gestellten Bauern.
Im 13. Jahrhundert gelang es den stärker gewordenen Reußen, aus ihrem vogtländischen Stammland heraus immer massiver in das Gebiet der Pleiße einzudringen. Posterstein wurde neben Ronneburg, Schmölln und Werdau Reichslehen der Vögte von Weida. Nach der späteren Spaltung des Hauses Reuß blieb Posterstein unter der Herrschaft der jüngeren Linie. Nachdem das Gebiet einige Zeit unter böhmischer Oberhoheit war, kam es in den Besitz der reußischen Seitenlinie Ronneburg und fiel nach deren Aussterben an das Haus Reuß-Greiz. Der Name Posterstein rührt von der Familie Puster her, die zeitweise mit der Grundherrschaft belehnt war.
Im 16. Jahrhundert verlor die trutzige Ritterburg ihre militärische Bedeutung und wurde zu einem Wohnschloß. Auffällig ist die Farbgebung der Räume, die aus der Periode stammen, in der die Familie Flemming (1724-1833) auf Posterstein das Sagen hatte. Mehrere Familien haben hier gewohnt und Burg und Anwesen im Geschmack und mit den Symbolen ihrer Zeit ausgestattet. Die Höhenburg auf dem über 60 Meter hohen Kulmfelsen ist ein gutes Beispiel erhaltener Wehrarchitektur, die sich allmählich zu einer offeneren Hofhaltung verwandelte. Der Zugang ist jedem durch Ostthüringen Reisenden möglich, denn heute beherbergt das Schloß ein Regionalmuseum. Der 25 Meter hohe Turm kann bestiegen werden und bietet gute Aussicht. Kunsthistorisch weitaus bedeutsamer aber ist die danebenstehende Burgkirche mit einem einmaligen Kleinod: einem Innenraum, der bis unter die Decke geprägt ist von handwerklich meisterhafter Schnitzkunst. Das barocke Holzschnitzwerk an Altar, Kanzel und Empore wurde komplett in Linde gefertigt und ist reich mit pflanzlichen Ornamenten und christlicher Symbolik verziert. Die Ausführung gilt als meisterhaft bis in entlegenste Details. Und eine eindrucksvolle Sage gibt es auch dazu.
Der Holzschnitzer Johannis Hopf durchreiste 1689 die Gegend und beging ein todeswürdiges Verbrechen, woraufhin er in einem Verlies der Burg landete. Im Kerker begann er zu schnitzen, und von dem, was dabei herauskam, war die Herrschaft von Posterstein beeindruckt, besonders der altenburgisch-gothaische Kanzler und Geheime Rat Georg Dietrich Pflugk, der bedeutendste aller Postersteiner Burgherren. Johannis Hopf rettete sein Leben durch seine Kunst. Weil die geplante Todesstrafe in lebenslange Kerkerhaft umgewandelt wurde, soll er sämtliche Schnitzereien in der Burgkirche angefertigt haben. Aber einer allein hätte eine solche Leistung nicht vollbringen können. Die Namen weiterer Meisterschnitzer sind unbekannt.
Schmölln, im Tal der Sprotte gelegen, blickt auf eine lange und wechselhafte Geschichte zurück. Schon 1066 gibt es die erste urkundliche Erwähnung als „Abbatia Zmulna“ (Klosterabtei) durch Kaiser Heinrich IV. In den Jahren 1324 bis 1329 regierte Heinrich II. von Plauen-Reuß den Ort, den er ummauern und in dem er ein

Schloß errichten ließ. Aus diesem Grund nehmen Historiker an, daß Schmölln bereits in jener Zeit als Stadt bezeichnet worden ist. Wie andere Städte wurde es auch von Verwüstungen durch die Hussiten, die Truppen aller kriegführenden Parteien des Dreißigjährigen Krieges, von marodierenden Söldnern und von wiederholten Stadtbränden heimgesucht. 1772 wurde die gesamte Bebauung innerhalb der Stadtmauern und die obere Vorstadt bis auf die Umfassungsmauern durch einen Brand völlig zerstört, der Wiederaufbau dauerte viele Jahrzehnte. Über die Stadtbewohner wird von den Chronisten übereinstimmend berichtet, daß es sich vorwiegend um Weber und Zeugmacher handelte. Schmölln war eine typische kleine Ackerbürger- und Handwerkerstadt.

Lange lagen die reußischen Vögte mit den Wettinern im Streit um Schmölln. Mal waren die einen, mal die anderen Stadtherren, und die Bürgerschaft profitierte vom Begehren der Fürsten. Diese garantierten „den Bürgern zu Schmölln alle ihre alten Gewohnheiten, Stadtrechte und Freiheiten... die von alters auf sie vererbt und gekommen sind, sie seien verbrieft oder nicht verbrieft...", wie Heinrich der Ältere von Weida zu Beginn des 15. Jahrhunderts formulierte. Ab 1484 gab es Streit mit Altenburg, das das Schmöllner Brau- und Schankrecht extrem einschränkte. Dieser versuchte Konkurrenzausschluß setzte der Stadt an der Sprotte mit dem Pfefferberg, ihrem Wahrzeichen, hart zu.

Kulturhistorisch beachtenswert sind das gotische Rathaus mit seinen Vorhangbogenfenstern und dem spätgotischen Eingangsportal mit den baldachinüberdachten Sitzkonsolen an beiden Seiten, und die spätgotische Hallenkirche St.-Nikolai. Im Stadtzentrum präsentiert sich ein schönes Fachwerkensemble, das als Schmöllner Malerwinkel bezeichnet wird. Eines der Fachwerkhäuser im neu gestalteten Stadtpark beherbergt das Knopfmuseum. Der Ernst-Agnes-Turm, ein technisches Denkmal auf dem Pfefferberg, ist ein lohnendes Ausflugsziel.

Schmölln war um die Jahrhundertwende d i e deutsche Knopfstadt. Nachdem der Unternehmer Herrmann Donath 1861 die Knopfindustrie hier angesiedelt hatte und mit dem Eisenbahnanschluß 1865 die industrielle Entwicklung in der Region in Schwung kam, war die Hälfte der Schmöllner erwerbstätigen Bevölkerung bis zum Ersten Weltkrieg in 14 Steinnußknopffabriken beschäftigt. Selbst aus der Hauptstadt Berlin wurde 1890 eine Hornknopffabrik nach Schmölln verlegt, weil es hier einfach die besseren Fachleute gab. Die Stadt erlangte in diesem Industriezweig eine Monopolstellung, aber auch Maschinen, Regulatoren, Füllfederhalter, Spielwaren, Gehstöcke, Holzpantoffeln, Schmuck und Handschuhe wurden in Schmölln hergestellt. Die Knöpfe allerdings waren der Hauptausfuhrartikel der Stadt, es gab Zeiten, da wurden sie in nahezu alle Länder der Welt geliefert. Heute muß sich die ortsansässige Knopfindustrie, nach der Wende ohnehin reduziert, im Wettbewerb vor allem mit den Billiglohnländern Südostasiens neu orientieren. In letzter Zeit wurde immerhin intensiv investiert. Inzwischen gibt es wieder ein beachtliches Potential an Metallbe- und -verarbeitung, Formenbau sowie Kunststofftechnik, angesiedelt in den Gewerbegebieten der Stadt. Eine neue Knopffabrik entstand, die auch Steinnußknöpfe herstellt. Schmölln schickt sich abermals an, Brennpunkt der Knopfindustrie zu werden.

Die Stadt besitzt ein Hotelrestaurant namens „Reussischer Hof", das sich großer Popularität erfreut. Gasthöfe gleichen Namens gibt es auch noch in Lobenstein, Hohenleuben und in Pöllwitz. Hier kann man speisen wie die Fürsten. Im Altenburger Land, zu dem Schmölln gehört, wachsen Heilkräuter mit Zukunft, wie z.B. Kamille, Pfefferminze und Johanniskraut. Seit der Wende ist die Anbaufläche um das Dreifache auf cirka 1400 Hektar angewachsen. Die Jahresproduktion beläuft sich auf über 160 umweltschonend erzeugte Tonnen.

Schmölln. Thüringisch-deftige Küche mit Mutzbraten, Sauerkraut, Rostbratwurst und regionalen Spezialitäten im Hotel „Reussischer Hof".

Bild Seite 36/37 Spitzkegelhalden bei Ronneburg.

Schmölln. Die Stadtkirche Sankt Nikolai wurde 1499 als spätgotische Hallenkirche erbaut und eingeweiht.

Schmölln. Knopfmuseum am Fuße des Pfefferberges.

Posterstein. Die Burg Posterstein stammt aus dem 12. Jh. und wurde bis zum 17. Jh. als Wohnschloß umgebaut. Das Museum zeigt eine Ausstellung zur regionalen Geschichte, die Burggaststätte lädt zum Verweilen ein.

Von Weida über Wünschendorf, Hohenleuben und Nitschareuth nach Greiz

Information

Stadtverwaltung Weida
Markt 1
07570 Weida
Tel. 03 66 03/54 0
Fax 03 66 03/622 57

Gemeindeverwaltung Wünschendorf
Poststraße 8
07570 Wünschendorf
Tel. 03 66 03/8 82 45
Fax 03 66 03/8 82 46

Stadtverwaltung Hohenleuben
Markt 5a
07958 Hohenleuben
Tel. 03 66 22/7 66 10
Fax 03 66 22/7 66 24

Greiz-Information
Unteres Schloß
07973 Greiz
Tel. 0 36 61/70 32 91

Wünschendorf. Freizeitvergnügen für Jung und Alt an der Weißen Elster.

Berga.

Wissenswert

Weida
liegt an den Mäandern der Flüsse Weida und Auma und gilt als die älteste Stadt des Thüringer Vogtlandes.

Das Wahrzeichen ist die Osterburg – Stammburg der Herren und Vögte von Weida.

Georg Samuel Dörffel
Er berechnete noch weit vor Newton als erster die Bahn der Kometen, nach dem Ende des Dreißigjährigen Krieges organisierte er den Wiederaufbau der Stadt Weida.

Hohenleuben
Raritäten des Museums Reichenfels
Dazu gehören die Wallensteinlampe aus Zinn – Zeuge der Ermordung Wallensteins 1634 auf der Kaiserburg in Eger, ein Kirschkern mit Goethe-Gedicht und Reußischem Wappen und das „Ei des Kolumbus“, ein Hühnerei, auf dem die Entdeckung Amerikas beschrieben wird und das zur Weltausstellung 1892 eine Attraktion darstellte.

Greiz
liegt in einem engen Talkessel der Weißen Elster, im Schnittpunkt von 5 Seitentälern und waldreichen Höhenzügen am östlichen Rand des Thüringer Schiefergebirges umgeben von Landschaftsschutzgebieten – Werdauer Wald, Unteres Göltzschtal.
Greiz galt ehemals als Residenzstadt der Herrschaft Reuß ältere Linie.

Ausflugstip Göltzschtalbrücke.
Die größte Ziegelbrücke der Welt, bereits auf sächsischem Gebiet, ist ein 574 m langes Bauwerk, 78 m hoch. 1851 wurde das bautechnische Wunderwerk von Prinz Albert von Sachsen eingeweiht. Durch Unfälle während der Bauzeit waren 31 Arbeiter ums Leben gekommen. Die reußische Regierung unter Heinrich XX. hatte großes Interesse an der Bahnlinie, konnte jedoch den gewünschten Gleisverlauf von Werdau über Greiz nach Plauen nicht durchsetzen, weil die sächsische Regierung kein fremdes Staatsgebiet nutzen wollte. Alljährlich im Juni findet hier ein vielbesuchtes Open-air-Festival statt.

Die Wiege der Reußen

Von Weida über Wünschendorf, Hohenleuben und Nitschareuth nach Greiz

Weida ist die älteste Stadt des Thüringer Vogtlandes und ein Höhepunkt auf dieser kulturhistorischen Route. Sie ist unmittelbar mit der Geschichte der Reußen verbunden. Die heutigen geographischen Bezeichnungen des Sächsischen, Thüringischen, Bayerischen und Böhmischen Vogtlands gehen auf die Vögte von Weida zurück, die direkten Vorfahren des Geschlechts der Reußen. Sie gaben einst der Landschaft ihren Namen: Terra advocatorum – das Land der Vögte, was schließlich zu Vogtland verkürzt wurde.

Vor tausend Jahren war das Gebiet des heutigen Ostthüringen Slawenland. Damals wagten sich erste Siedler aus Franken und Hessen in die waldreiche Region mit den Flüssen Saale, Elster und Mulde vor. Zu Beginn des 12. Jahrhunderts forcierte das römisch-deutsche Kaiserreich die Ostkolonisation jenseits von Saale und Elster. Kaiser Friedrich I. Barbarossa war besonders bemüht, die Ostgebiete dem Deutschen Reich unwiderruflich einzuverleiben. Deshalb soll er um 1143 für eine der eingenommenen Regionen, das Gebiet an der mittleren Weißen Elster, sämtliche Herrschaftsrechte an Erkenbert I., den ersten Vogt übertragen haben.

Die Weidaer Vögte sind nicht zu verwechseln mit den Raubrittern des Mittelalters. Sie waren kaiserliche Vasallen, die als Richter eingesetzt wurden, um Streitigkeiten zwischen Deutschen und unterworfenen Slawen zu schlichten und möglichst zu verhindern. Allmählich festigten sie ihre Position, herrschten mit harter Hand und stiegen durch Lehensbesitz zu Landesherren auf. Aus strategischen Gründen ließen sich die Vögte auf dem Gleisberg, dem späteren Veitsberg in Wünschendorf, nieder, nur wenige Kilometer entfernt von Weida. Sie verlegten einige Jahre später den Verwaltungssitz nach Weida, das deshalb zu Recht „Wiege des Vogtlandes" genannt wird. Von hier aus wurde die Kolonisation systematisch, geradezu generalstabsmäßig vorangetrieben. Die Reußen sind später aus dem Geschlecht der Vögte hervorgegangen, weshalb die Vögte auch als Stammväter der Reußen bezeichnet werden. Ein Vogt ließ auf dem Bergkegel, auf dem heute die Widenkirche steht, eine erste Burg, die sogenannte Altstadtburg, errichten. Um sie herum entstand, wie in jener Zeit üblich, ein Marktflecken, aus dem sich unter Heinrich I., eine rasch anwachsende Stadt bildete. Heinrich I. war übrigens der erste in der nun folgenden langen Reihe der Heinriche, der Name, mit dem die Reußen bis heute ihre erstgeborenen Söhne belegen.

Heinrich I. ist aber auch der Erbauer der Osterburg und Gründer der Neustadt. Ab 1163 entstand die imposante Wehranlage, die den seinerzeit modernsten strategisch-ökonomischen Gesichtspunkten Rechnung trug. Dieser Bau des „Festen Hauses zu Weida", das erst 1717 seinen heutigen Namen, Osterburg, erhielt, dauerte bis 1193. Am Fuß der Burg entstand zugleich Weidas planmäßig angelegte Neustadt, genau zwischen den Flüssen Auma und Weida. Während des aufwendigen Burgbaus starb der Bauherr, sein Sohn Heinrich II., genannt der Reiche, bezog den Stammsitz der Vögte. 1209 erhielt Weida das Stadtrecht und war als Sitz der Vögte ein Machtzentrum des Mittelalters im thüringischen Raum. Die Slawen, seit 534 in dieser Region heimisch, waren bald darauf endgültig besiegt. Heinrich II. war übrigens der einzige Vogt, der das Vogtland allein regierte. Nach seinem Tod 1209 wurde der Besitz stets von mehreren Vögten gemeinsam verwaltet.

Um 1237 kam es zur ersten Landesteilung unter den reußischen Vorfahren. Heinrich III. erhielt die Vogtei Weida und Ronneburg, Heinrich IV. das Gebiet Gera und Teile von Plauen, Heinrich V. Greiz und die restlichen Teile von Plauen. Durch geschickte Heiratspolitik und Landgewinne vergrößerten die nachfolgenden Vögte ihr Herrschaftsgebiet. Diese Entwicklung erreichte ihren Höhepunkt im 14. Jahrhundert. Die Vögte hatten den Gipfel ihrer Macht erreicht und regierten das Gebiet von Weida bis weit hinein ins oberfränkische Regnitzland sowie nach Eger im Böhmischen und weit bis ins nördliche Sachsen. Die heute idyllisch anmutende Kleinstadt Weida war damals weltliches und geistliches Zentrum einer großen Region, schon

Erlebnis

Weida

Ruine der Widenkirche
Romanischer Baustil (12. Jh.) in der Altstadt

Peterskirche
Romanischer Baustil (1261) in der Neustadt

Stadtkirche St. Marien
Gotischer Baustil (um 1350), ursprünglich Klosterkirche des Franziskanerordens

Museum und Galerien auf der Osterburg
Schloßberg 14
Tel. 03 66 03/6 27 75

Aumatalsperre
Eine Brauchwassertalsperre mit Hochwasserschutz, erbaut 1933-36

Märchenwald
im Kamnitzgrund bei Wünschendorf

Burgruine und Museum Reichenfels
Tel. 03 66 22/71 02

Nitschareuth

Bauernmuseum
Gehöft Nr. 13
Führungen sollten angemeldet werden,
Tel. 03 66 25/2 05 04

Georg-Kresse-Wanderweg
Die Route führt durch eine sanfthügelige Landschaft vom Bauernmuseum Nitschareuth über Wildetaube, Lunzig, Hohenleuben, Reichenfels und Dörtendorf nach Auma

Greiz

Heimatmuseum Unteres Schloß
Burgplatz 12
Tel. 0 36 61/36 66
Dauerausstellung zur Geschichte der Stadt Greiz und des Hauses Reuß

Staatliche Bücher- und Kupferstichsammlung im Sommerpalais
Tel. 0 36 61/7 05 80

Im Satiricum findet neben der Dauerausstellung alle zwei Jahre die bundesdeutsche Triennale „Karikatur, Cartoon und komische Zeichenkunst" statt

Theater der Stadt Greiz
Stravenhagenstraße 3
mit Theaterrestaurant und Café
Tel. 0 36 61/62 88 24

bald darauf mußte das Vogtland seine Grenzen weitaus enger ziehen.

Seit mehr als 800 Jahren thront die von ihrem unverwechselbar gestuften Bergfried gekennzeichnete Osterburg als markantes Wahrzeichen über der im Tal gelagerten Stadt. Die Mauerstärke bis zum ersten Zinnenkranz beträgt 5,70 Meter, der Turm ist weithin sichtbar. Bis 1917 wohnte ein Türmer im Bergfried, dessen Aufgabe es war, die Stadt im Brandfall zu alarmieren. Gustav Hermann Heißig, der letzte Wächter auf dem Turm, hielt sich in windumtoster Höhe selbst Kleinvieh. Das Schicksal mehrerer seiner Vorgänger, die vom Blitzschlag getroffen wurden, blieb ihm erspart.

Auf der Osterburg arbeitet Manfred Weise als letzter Zinngießer Ostthüringens. In seiner Zinngießerstube im Innenhof stehen Krüge, Teller, Becher, Leuchter, Pokale, Uhren, Schachfiguren und eine ganze Menagerie mit Ochs und Löwe, Katz und Hund. Sammler kommen von weither, um die Unikate von mattschimmerndem Glanz zu erwerben und damit ihre Kollektion zu vervollständigen. Der gebürtige Geraer im siebten Lebensjahrzehnt macht alles in Handarbeit. Mindestens hundert Jahre, verspricht er, behalte reines Zinn seinen silbrig-gelben Glanz.

Es wird gestritten darüber, was schöner ist, die Burg auf dem Hügel mit ihrem empfehlenswerten Museum oder die beiden historischen Stadtkerne darunter, die der Fluß Weida trennt. Diese Stadtteile hatten beide ihre Märkte, Mühlen, Kirchen, Klöster und Friedhöfe, wurden aber immer gemeinsam verwaltet. Der eine Teil war das ursprünglich gegründete Dorf, der andere die Neustadt nach der Ausweitung Weidas. Altstadt und Neustadt sind verbunden durch den ältesten steinernen Weidaübergang, 1330 als Bogenbrücke angelegt. Erst 1913 wurde sie durch eine breitere Eisenbetonbrücke ersetzt. Die Stadtkirche steht auf den Fundamenten einer 1267 errichteten Marienkapelle, ist schlicht im Inneren und besitzt als ehemalige Klosterkirche des Franziskanerordens keinen Glockenturm. Vom Kirchgarten hinter dem Pfarramt fällt der Blick auf die Reste der ehemaligen Stadtbefestigung mit Schlupfpforte und Wachtturm am Neustädter Ufer. In der Brüderstraße, nach den Franziskanern benannt, findet sich an einer Hauswand ein Relief: ein Pferdefuhrwerk mit sieben Brüdern, vom Vater geführt, das sich vor dem Hochwasser in Sicherheit bringt. Unweit davon, auf dem Kirchberg, stehen die Überbleibsel des ehemaligen Freihauses und die Ruine der Widenkirche.

Auf dem Markt in der Neustadt beeindruckt das Weidaer Rathaus im Hochrenaissancestil, gleich daneben findet man den Kirchturm der Peterskirche. Die ursprünglich romanische Peterskirche wurde während des Dreißigjährigen Krieges zerstört. Auf den Grundmauern des Kirchenschiffs errichtete man ein Haus, welches früher als Schulgebäude – im Volksmund „Blaue Schürze" genannt, seit 1829 als Wohngebäude genutzt wird. Unter dem ehemaligen Kirchenschiff befindet sich noch heute eine Krypta.

Bedeutsam für die Geschichte der Reußen ist das nahegelegene Wünschendorf, wo die Vögte nach ihrer Ankunft zuerst Stellung bezogen hatten. Die Veitskirche im Ort ist eines der ältesten Relikte des Christentums in Ostthüringen, das erste Haus, das zur Ehre Gottes im Vogtland erbaut wurde. Innerhalb der Burganlage ließ man eine Kapelle errichten, die im 11. und 12. Jahrhundert zur Kirche erweitert wurde. Im Nordschiff befinden sich die Gräber der ersten Vögte von Weida. In einem der Fenster des südlichen Chorschiffs gibt es zwei Glasbilder, die seit 1168 König David und Christus darstellen – sie gehören zu den ältesten Glasmalereien, die auf der Welt erhalten blieben. Die Decke des Altarraums und die Emporen sind durch Malereien ausgeschmückt. Die Sandsteinreliefs an den Strebepfeilern des Chorraums stammen aus frühgotischer Zeit.

Am Fuße des Veitsberges findet sich eine Thüringer Rarität: eine überdachte Holzbrücke aus dem 13. Jahrhundert. Die jetzige Konstruktion stammt aus dem Jahr 1786, ist 71 Meter lang und 4,30 Meter breit. Aus gewaltigen Eichenbalken ohne einen einzigen Nagel gefertigt, hält sie seit über 200 Jahren allen Naturgewalten stand. Sogar der Autoverkehr rollt heute über diese Brücke, die einst ein wichtiger Verbindungsweg war.

Zu den frühesten Klostergründungen gehören das Kloster Mildenfurth und das Nonnenkloster Cronschwitz in den je gleichlautenden Ortschaften. Beide waren Stiftungen der Weidaer Vögte, dienten als Hausklöster und waren beliebte Wallfahrtsorte. Das Prämonstratenser-Kloster Mildenfurth wurde von Heinrich II. (der Reiche) 1193 gegründet und war bis zur Reformation ein geistiges Zentrum. Es verfügte über einen Grundbesitz von mehr als 300 Hektar und leistete einen immensen Beitrag zur Entwicklung von Landwirtschaft und Gartenbau in der Region. Auch das Plothener Teichgebiet hat seinen Ursprung im Wirken der Mönche dieses Klosters, wahrer Entwicklungshelfer von hoher Bildung. Nachdem 1552 der letzte Mildenfurther Chorherr verstorben war, wurde das Kloster geschlossen. Später diente es als Jagdschloß, Kammergut und Altersheim. Für Kloster

Mildenfurth, einen der schönsten Sakralbauten aus romanischer Zeit, gibt es nun Sanierungsmittel und neue Pläne.
Das Dominikanerinnenkloster Cronschwitz wurde 1238 durch Jutta, die Gemahlin Heinrich IV., gegründet. Sie ging ins Kloster, nachdem ihr Gatte beschlossen hatte, als Kreuzritter in fremde Länder zu ziehen. Die Ritter des Deutschen Ordens durften keinen Besitz haben und durch niemanden gebunden sein. Jutta war erste Priorin, unter ihrem strengen Regiment war das Kloster ein Stift für die unverheiratet gebliebenen adligen Töchter der Vögte und die Ruhestätte vieler Herren von Weida. Mit über 150 Zinsdörfern war es lange Zeit das reichste Kloster im gesamten Vogtland. Nach 1525 setzte der Verfall ein, zurückgeblieben sind nur wenige Mauerreste.
Hohenleuben ist geprägt von der Ruine der Burg Reichenfels, die in nachmittelalterlicher Zeit verfiel. Im alten Wirtschaftshof wurde ein Museum zur Ur- und Frühgeschichte Thüringens eingerichtet, das mit der frühen Besiedlung der Gegend bekannt macht, die zurückreicht bis ins 5. Jahrhundert vor Christus. Es wurden Ausgrabungsfunde gemacht aus der keltischen Kultur. In Hohenleuben rief man 1825 den „Vogtländischen Altertumsforschenden Verein" ins Leben, der heimatverbundenen Menschen die Möglichkeit gab, sich auszutauschen und gemeinsam die Ahnengeschichte zu erforschen. Der Verein stellte seinerzeit eine Bibliothek von über 30 000 Bänden zusammen und dokumentierte auch die Geschichte der Reußen.

Der Ort Hohenleuben selbst wurde 1267 als „Lubene" erstmals urkundlich erwähnt. Nach dem Tod Heinrich I. jüngere Linie zu Schleiz erhielt sein Sohn Heinrich XXIV. das Parigiat Reuß-Köstritz mit der Pflege Reichenfels, zu der Hohenleuben gehörte. Bis 1945 blieb dieses Gebiet im Besitz des Hauses Reuß. Heinrich XXIV. ließ 1741 für seine Familie eine Gruft unter der Hohenleubener Kirche bauen. Insgesamt wurden hier 28 Familienmitglieder beigesetzt. Weil die Kirche zu klein wurde, begann man mit dem Bau einer neuen, wobei das alte Mauerwerk zu den Fenstern der neuen hinausgeworfen wurde. 1806 ließ Heinrich XLIII. die Burg Hohenleuben bis auf die Ring- und Grundmauern abreißen. Sein Plan, ein repräsentatives Schloß zu errichten, konnte aus finanziellen Gründen nicht umgesetzt werden. 1998 erhielt die Stadtkirche durch eine Schenkung der Augustinergemeinde Gotha das größte Gemälde des letzten Gothaer Hofmalers Paul Emil Jacobs, das Monumentalbild „Kalvarienberg".
Nördlich von Greiz, in einer Gegend mit blaugrünen Waldinseln, die schwingt und buckelt wie die Toskana, liegt eines der schönsten ehemaligen reußischen Dörfer: Nitschareuth. Das Angerdorf gehörte einst zum Fürstentum Reuß ältere Linie, die Ortsflur ist umschlossen von einem Kranz dichter Wälder, der Gesamteindruck ist bezaubernd. Eine zurückgelassene Idylle aus dem Jahre 1441, da der Ort das erste Mal in einer Urkunde auftaucht. 1979 wurden über 30 Häuser des historischen Ortskerns dieses Höhendorfs komplett unter Denkmalschutz gestellt.
Rund um den Dorfanger mit seinen zwei Teichen voller Entengrütze reihen sich die Fachwerkgiebel zu einem prächtigen Ensemble. Die bäuerliche Architektur im fränkischen Stil gibt einen Einblick, wie wertvoll den früheren Bewohnern ihr Dorf war. Sie hegten und pflegten es und schmückten es aus, soweit es ihre Mittel erlaubten.
Die meisten Dreiseit- und Vierseithöfe in Nitschareuth stammen aus dem 18. Jahrhundert. Im Bauernmuseum, einem ehemals bewirtschafteten Hof, werden authentisch bis zum letzten Krug und dem voluminösen Backofen bäuerliches Leben und Arbeiten im Land der Reußen gezeigt. Der Dreiseithof von 1747 mit Kuppelwalmdach wurde mit erheblichem Kostenaufwand stilgerecht restauriert. Etwas Urwüchsigeres, ohne sanierenden Übereifer wieder hergerichtet, wird man in Deutschland schwerlich finden. In zwei Geschossen sind hauswirtschaftliche Geräte, Handwerkzeuge, Bekleidung und Wäsche, aber auch Küchen-, Wohn- und

Essen und Trinken

Wirtschaft Zur Osterburg
Schloßberg 14
07570 Weida
Tel. 03 66 03/6 24 85
Gaumenschmaus in mittelalterlichem Flair für Manns- und Weibsbilder

Restaurant Zum Gewölbe
Bahnhofstraße 13
07570 Weida
Tel. 03 66 03/6 22 79

Gasthof Vogelnest
Ortsteil Loitsch Nr. 6
07570 Steinsdorf
Tel. 03 66 06/6 32 36
Spezialitäten vom Thüringer Bauernhof

Gasthof Elsterperle
Wendenplatz 7
07570 Wünschendorf
Tel. 03 66 03/84 20
Thüringer Küche

Landgasthaus Zur Holzbrücke
Weidaer Straße 17
07570 Wünschendorf
Tel. 03 66 03/8 70 31

Gasthof Hammermichelbaude
Ortsteil Unterhammer
07980 Berga
Tel. 03 66 03/2 03 82
Der Gasthof liegt im Kamnitzgrund

Gaststätte Zur guten Quelle
Hauptstraße 12
07570 Frießnitz
Tel. 03 66 03/6 31 76
Thüringer Küche

Gaststätte Pächterhaus
An der Burgruine Reichenfels
07958 Hohenleuben
Tel. 03 66 22/72 02

Landgasthof Zum Taubenschlag
Ortstraße 27
07950 Staitz
Tel. 03 66 22/7 24 71
Gasthof, Pension, Biergarten, Kegelbahn, und einmal im Monat wird zu einem Taubenessen eingeladen

Blick ins romantische Elstertal bei Wünschendorf.

Essen und Trinken

Gasthof Nitschareuth
Haus Nr. 24
07980 Nitschareuth
Tel. 03 66 25/219 05
Lokal mit historischem Ambiente

Restaurant Vogtlandeck
Carolinenstraße 1
07973 Greiz
Tel. 0 36 61/67 62 93

Gaststätte Goldene Kutsche
Waldhaus Nr. 12
07973 Greiz
Tel. 0 36 61/43 21 07

Restaurant Zum Brunnen
Markt 13
07973 Greiz
Tel. 0 36 61/67 50 00

Restaurant Zur Nostalgie Henck's Einkehr
Hermannsgrüner Straße 15
07973 Greiz
Tel. 0 36 61/4 13 05

Parkgaststätte
Leonhardtstraße
07973 Greiz
Tel. 0 36 61/43 22 06

Zapf-Werk 1/3
Zeulenrodaer Straße 6
07973 Greiz
Tel. 0 36 61/67 11 46
In einem der stillgelegten Textilbetriebe entstand eine Faßbierschankanlage, die in Europa die größte sein soll

Gasthof Neue Schenke
Neue Schenke Nr. 20
07980 Neugernsdorf
Tel. 03 66 25/2 02 31
1498 wird der Gasthof "Neue Schenke", einer der ältesten Thüringens, erstmals erwähnt. An der alten Handelsstraße Nürnberg - Plauen - Greiz - Gera - Leipzig war er sehr günstig gelegen. Die Straße führte direkt durch den Hof des Anwesens

Gasthof „Neue Schenke“ an der B 92 zwischen Weida und Greiz.

Schlafmöbel zu besichtigen, im Dachgeschoß wird die Verarbeitung von Flachs demonstriert. Im funktionstüchtigen Steinbackofen dampfen zu bestimmten Anlässen Brot und köstlicher Kartoffelkuchen. Im Wirtschaftsgebäude lassen sich, vom Mähbalken bis zum Dreschflegel, die alten bäuerlichen Gerätschaften visitieren. Im zum Haus gehörenden Garten gibt es eine Kleinanlage der im Mittelalter üblichen Dreifelderwirtschaft. Der Kräutergarten bietet seine überbordende Vitaminpracht dar. Das Bauernmuseum und das gesamte Dorf mit seinen schmalen Gassen ringsherum stellen ein bewohntes Freilichtmuseum dar, das nahezu perfekt zeigt, wie es zu Zeiten der Reußen in Ostthüringen zuging. Als diese Welt unterging, blieb Nitschareuth als Insel zurück.

Greiz trägt den schmückenden Beinamen „Perle des Vogtlandes“. Die einstige Residenz des Fürstentums Reuß ältere Linie hatte zweimal Glück. Nach der Schlacht von Königgrätz 1866 ließ es sich Prinzessin Caroline von Reuß nicht nehmen, beim persönlichen Bittgang zu Preussens Ministerpräsident Otto von Bismarck darum zu ersuchen, daß das Fürstentum Greiz nicht dem Königreich Preußen einverleibt werden sollte, und der Reichskanzler, dem man ein Eisenherz nachsagte, ließ sich von der Fürstin erweichen. Greiz, das in diesem Krieg auf Seiten der Österreicher, also auf der falschen Seite, gegen die preußischen Sieger gestanden hatte, behielt seine Selbständigkeit. Auch im II. Weltkrieg blieb Greiz von Zerstörungen verschont.

Die drei Schlösser aus der Residenzzeit lassen sich am besten zu Fuß erreichen. Das nicht von innen zu besichtigende Obere Schloß, das als Museum genutzte Untere Schloß und das Sommerpalais inmitten einer schönen Parklandschaft. Die Geschichte von Greiz als Residenzort begann 1238, als Heinrich V., Vertreter einer Nebenlinie der Weidaer Vögte, seinen Wohnsitz von Weida nach Greiz verlegte. Ab 1306 ist die Greizer Burg auf dem Schloßberg Sitz der Vögte Reuß von Plauen, einer Nebenlinie der Vögte von Weida, ab 1359 führten die Chronisten Greiz als „stat“. Nach einem Brand 1540 blieben von der Burg nur rauchgeschwärzte Trümmer übrig. Die Reußen begannen an gleicher Stelle mit dem Bau eines repräsentativen Renaissanceschlosses. Im Hauptgebäude des Oberen Schlosses ist das Thüringer Staatsarchiv untergebracht, das Dokumente der Reußenzeit aufbewahrt. Zum Areal gehört der Schanzengarten, der mit der Rokokopracht des Schanzenrondells kokettiert. Die Inschrift am Friesstreifen lautet: „Nach dem Brande entstand an dieser Stelle durch Heinrich XI. Reuß als Curator zur Ergötzung dieses Lusthaus im Jahre 1751.“ Vom Schanzengarten aus hat der Besucher einen Panoramablick auf die Stadt und ihr sanfthügeliges Umland.

Anlaß für die Erbauung des Unteren Schlosses war die Landesteilung 1564. Heinrich d. Ä. ließ nach seinem Regierungsantritt inmitten der Stadt seine Residenz – das spätere Untere Schloß – errichten. Die Vollendung des Unteren Schlosses, eines Renaissancebaus, wird 1596 bezeugt. Nach einem verheerenden Stadtbrand 1802 ließ Heinrich XIII. anstelle der Ruine ein klassizistisches, in den Innenräumen üppig stukkiertes Schloß errichten. In der Stadtkirche St. Marien, einem einschiffigen Bau, der von mächtigen korinthischen Säulen unterteilt und von einem Turm mit Haube überragt wird, fällt ein vergoldeter Sarg auf. In ihm ruhen die Gebeine des Grafen Heinrich VI., der es zu einiger Berühmtheit brachte, nachdem er 1697 in der Schlacht bei Zenta gegen die Türken als General des Prinzen von Savoyen den Heldentod fand. Mit der Stadtkirche, der „Alten Wache“, dem ehemaligen Lyzeum, dem Röhrenbrunnen und dem Unteren Schloß besitzt Greiz ein bemerkenswertes klassizistisches Ensemble.

Das Sommerpalais ist das sehenswerteste der drei Greizer Residenzbauten. Es wurde 1789 im frühklassizistischen Stil als „Maison de la belle retraite“ (Haus der schönen Zuflucht) vollendet, Bauherr war Fürst Heinrich XI. Bis zum Ersten Weltkrieg diente das Gebäude als Sommersitz der Fürsten Reuß ältere Linie. 1921 wurden die fürstliche Kupferstichsammlung und die fürstliche Bibliothek als „Stiftung der Älteren Linie des Hauses Reuß“ vom Staat übernommen, im Sommerpalais untergebracht und 1922 als Museum eröffnet. Der erstklassige Teil der Sammlung stammt aus dem Nachlaß der englischen Prinzessin Elizabeth. Den Nachlaß erbte ihre Nichte Caroline, die den Fürsten Heinrich XX. Reuß ältere Linie heiratete. Heute umfaßt die Staatliche Bücher- und Kupferstichsammlung im Sommerpalais beinahe 40 000 Bände des 16. bis 20.

Jahrhunderts. Größte Kostbarkeit der Sammlung sind mehrere tausend Schabkunstblätter, von denen die meisten vor 1850 entstanden. 1975 kam das „Satiricum“ hinzu, die größte Spezialsammlung zeitgenössischer Karikaturen in Deutschland. Zu ihrem Fundus gehören Karikaturen des 17. bis 19. Jahrhunderts, aber auch eine breite Palette der in der DDR entstandenen Satire. Da wurden bis an den Rand des Subversiven die Verhältnisse im sogenannten Arbeiter-und-Bauern-Staat karikiert, wurde knallbunt und rotzfrech unter Beweis gestellt, daß das Leben im Realsozialismus so grau und langweilig nicht war. Die Dauerausstellung löst bei ihren Besuchern viel Heiterkeit aus.

Greiz besaß eine florierende Wirtschaft durch die Tuch- und Zeugmacher, Schwarz- und Schönfärber. Zwei Industrien bestimmten jahrhundertelang das städtische Leben: die Papier- und die Textilindustrie. Bereits 1591 entstand die erste Papierfabrik. Im Heimatmuseum ist ein Riesenumschlag von 1685 ausgestellt, der ein Wasserzeichen mit fürstlichem Wappen trägt. 1660 hatte die Textilbranche in Greiz Fuß gefaßt und sorgte für einen rasanten wirtschaftlichen Aufschwung. Als sich 1904 rund 200 vogtländische Betriebe zum „Verband Sächsisch-Thüringischer Webereien“ zusammenschlossen, dem ersten deutschen Textilverband überhaupt, wurde die Stadt zu dessen Verwaltungssitz. Sie galt als wichtigster Ort der Kammgarnweberei in Europa. Damals gab es den Spruch: „Was Greiz gewebt und Greiz gefärbt, das hält, bis es der Enkel erbt...“. Heute sind viele Textilbetriebe stillgelegt, zum Teil abgerissen, und der Ort sucht seine Zukunft im Dienstleistungsangebot, gerade auch in touristischer Hinsicht. Greiz hat vor allem von einem viel zu bieten, was andere Städte schmerzlich vermissen lassen: grüne Oasen mitten in der Stadtlandschaft.

Herausragend ist der Greizer Park, eine 60 Hektar große Anlage am rechten Ufer der Weißen Elster, nach englischem Vorbild geschaffen und mit altem Baumbestand. Ein wunderbarer Ort zum Spazieren, mit Nischen für Rendezvous und vielen seltenen Pflanzen und Blumen. Der vielleicht schönste Park Ostthüringens entstand um 1650 aus einer kleinen Küchengartenanlage der Obergreizer Herrschaft und wurde im 18. Jahrhundert zu einem höfischen Lustgarten im Rokokostil erweitert. Nachdem in der zweiten Hälfte des 19. Jahrhunderts schwere Hochwasser dem Garten schlimm zugesetzt hatten, wurde er erneut umgeformt, diesmal zum Naturpark im englischen Stil. Anlaß dafür war auch die Gleisverlegung der Strecke durch das Elstertal von Gera nach Weischlitz durch die Sächsisch-Thüringische Eisenbahngesellschaft 1872, wodurch Eingriffe in die vorhandene Parkanlage notwendig geworden waren. Dafür erhielt Fürst Heinrich XXII. eine Entschädigung von 50 000 Talern, die er zur Umgestaltung des Greizer Parks benutzte. Die Entwürfe dazu stammten vom bekannten Muskauer Gartenkünstler Carl Eduard Petzold, einem Meisterschüler des Fürsten Pückler. Realisiert wurden die Entwürfe durch Rudolph Reinecken, der sich insgesamt 50 Jahre um die Parkgestaltung kümmerte. Neben seinen pflanzlichen Besonderheiten besitzt der Park einen hübschen See und eine artenreiche Vogelwelt. Das Weiße Kreuz und der Pulverturm sind reizvolle Aussichtspunkte.

Greiz selbst hat auch viel zu bieten. Gassen wie in alten Zeiten, ein ockerfarbenes Rathaus aus dem Jahre 1842 (das vorherige fiel einem Stadtbrand zum Opfer) im neugotischen Stil mit einem markanten viereckigen Turm, einen Marktplatz in auffälliger Dreieckform. Die Alte Wache aus dem Jahre 1817, ein Bau von schlichter klassizistischer Schönheit, in der Fassadenfront mit vier dorischen Säulen und einem frisch aufgetünchten Reußenwappen. Rechts und links standen Kanonen und Schilderhäuschen, bis zum Ende des Fürstentums salutierten die Wachposten beim Vorbeigehen ihrer „Durchlaucht“. Heute trägt man sich mit dem Gedanken, die Kanonen wieder aufzustellen, versah doch an dieser Stelle bis 1867 das Militär von Reuß-Greiz seinen Wachdienst und bis zum Ersten Weltkrieg das Geraer Infanterieregiment.

Auch der Jugendstil hinterließ seine verspielten Fassadenlandschaften in Greiz. 1902, nach dem letzten großen Stadtbrand, entstanden bis 1910 zwei ganze Straßenzüge neu, die Markt- und Thomasstraße. Eindrucksvoll mit seiner floralen Dekorarchitektur ist das Haus Burgstraße 5. An einem anderen Haus in der Burgstraße, ließ der Goldschmiedemeister Paul Schaller ein Mosaik mit typischen Arbeiten seiner Zunft anbringen. Überall stößt der Stadtgänger auf Jugendstilanklänge selbstbewußter Greizer Bürger.

Unterkunft

Restaurant & Hotel Goldener Ring
Markt 18
07570 Weida
Tel. 03 66 03/6 31 96

Pension Zum Aumatal
Liebsdorfer Straße 6
07570 Weida
Tel. 03 66 03/6 22 93

Campingplatz
An der Aumatalsperre 1
07570 Weida
Tel. 03 66 03/6 25 61
Geöffnet vom 1. April bis zum 15. Oktober

Hotel Ambiente
Bahnhofstraße 7
07973 Greiz
Tel. 0 36 61/67 20 54

Hotel & Restaurant Gudd
Raasdorfer Straße 2
07987 Mohlsdorf
Tel. 0 36 61/43 00 25

Landhotel Fuchsmühle
Mosen Nr. 59
07570 Wünschendorf
Tel. 03 66 03/8 82 37

Das schöne Fachwerkgebäude, Baujahr 1803, war früher die Sägemühle

Schloßberg Hotel
von Westernhagen-Platz
07973 Greiz
Tel. 0 36 61/62 21 23

Töpferhof Liesch
Buckestraße 2
07973 Greiz-Moschwitz
Tel. 0 36 61/66 00

Weida. Rathaus.

Weida. Blick auf die Osterburg.

Weida. Aumatalsperre.

Weida. Die Osterburg geht auf eine in der 2. Hälfte des 12. Jahrhunderts gegründeten Burg zurück.

Wünschendorf. Das Tor zum Elstertal.

Wünschendorf. Fachwerkbauten.

Wünschendorf.

Wünschendorf. Holzbrücke aus dem Jahre 1786.

Bild Seite 50/51
Wünschendorf. Kloster Mildenfurth. Das Prämonstratenserkloster wurde 1193 gegründet. Stifter ist Heinrich der Reiche, Vogt von Weida.

Wünschendorf. Die Veitskirche ist eine der ältesten Kirchen in Ostthüringen.

Wünschendorf. Veitskirche. Sehenswert sind die Innenraumgestaltung mit dem spätgotischen Marienaltar aus dem Jahre 1490 sowie Buntglasfenster aus der Zeit um 1150.

Ziegenrück. Hier befindet sich das Museum für Wasserkraftnutzung mit dem ältesten Elektritzitätswerk im oberen Saalegebiet.

Hohenleuben. Die Burgruine Reichenfels zählt zu den ältesten bürgerlichen Heimatmuseen Deutschlands.

Nitschareuth. Bauernmuseum. In dem noch funktionstüchtigen Steinbackofen wird zu besonderen Anlässen Brot und Kartoffelkuchen gebacken.

Nitschareuth. Alte Bauernstube im Bauernmuseum.

Nitschareuth. Denkmalgeschütztes Angerdorf mit Drei- und Vierseithöfen im fränkischen Baustil.

Greiz. Das Untere Schloß wurde 1564 als Renaissance-Schloß erbaut.

Greiz. Fraureuther Flügelaltar im Museum des Unteren Schlosses.

Greiz. 1803 - 1804 erfolgte der Ausbau des alten Torhauses (Stelzentor) im Oberen Schloß zu Gefängnisräumen.

Greiz. Greizer Park – Anziehungspunkt für Einheimische und Touristen. Der Park mit seiner Weiträumigkeit gehört zu den schönsten Parkanlagen in Mitteleuropa.

Greiz. Sommerpalais im Greizer Park – einst Sommerresidenz der reußischen Fürsten. Hier befindet sich auch die Staatliche Bücher- und Kupferstichsammlung, eine Stiftung des Hauses Reuß ältere Linie.

Greiz. Inmitten der Stadt thront auf einem 50 m hohen Bergkegel das Obere Schloß, ehemalige Residenz der Fürsten Reuß ältere Linie.

Von Zeulenroda über Schleiz nach Schloß Burgk

Information

Fremdenverkehrsverein Vogtland-Ferienland-Thüringen e. V.
Schuhgasse 7
07937 Zeulenroda
Tel. 03 66 28/8 24 41
Fax 03 66 28/8 92 76

Stadtverwaltung Schleiz
Bahnhofstraße 1
07907 Schleiz
Tel. 0 36 63/4 80 40
Fax 0 36 63/42 32 20

Schloß Burgk. Konzerte, Kunstausstellungen und ein mittelalterliches Burgspektakel erfreuen die Besucher.

Historische Schloßküche im Museum Schloß Burgk mit einem 21,5m hohen Küchenkamin, eine architektonische Seltenheit in Europa.

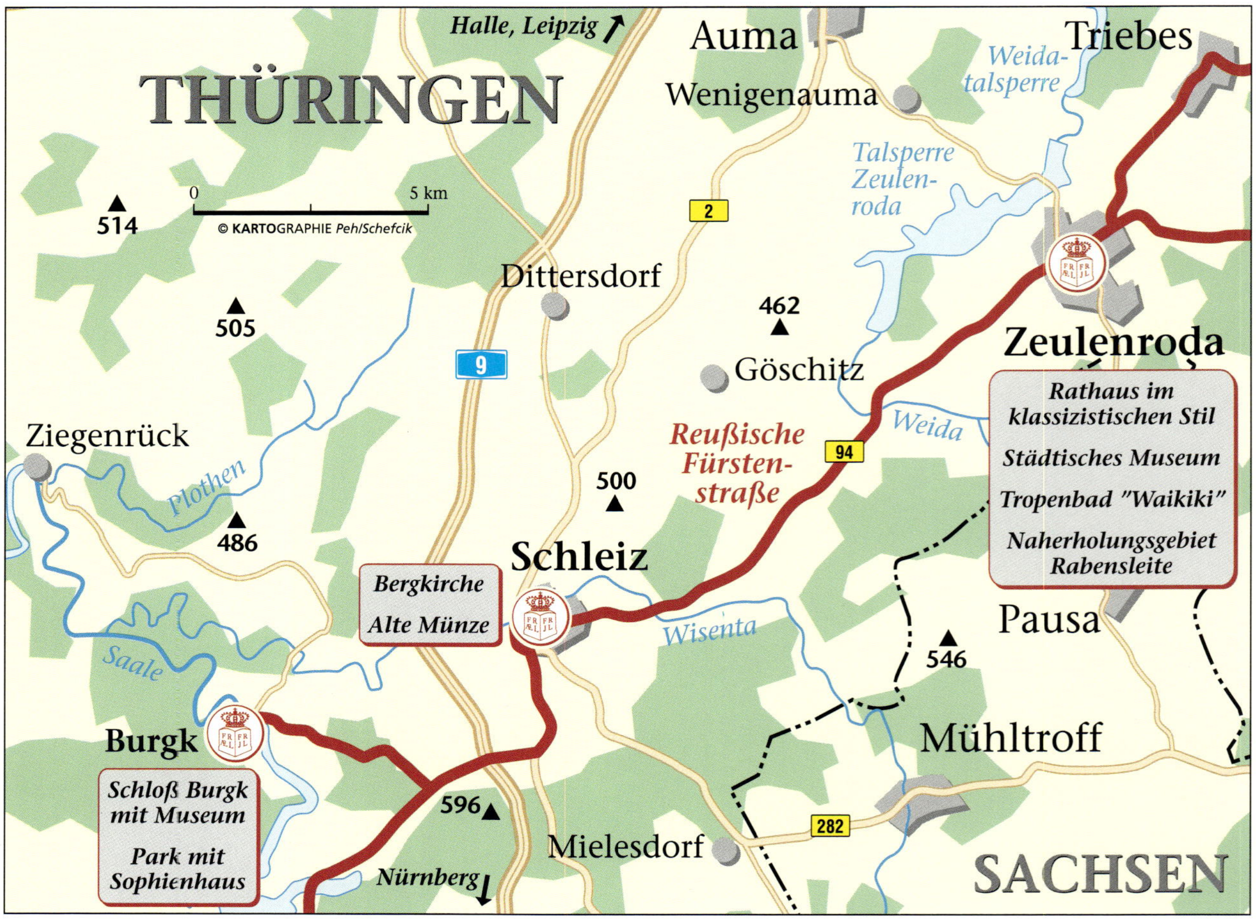

Wissenswert

Zeulenroda
gehört zum Mittelgebirgsvorland des Thüringer Schiefergebirges; ehemals Herrschaft Reuß-Greiz. Die Zeulenrodaer Talsperre ist ein beliebtes Ausflugsziel für Wanderfreunde.

Schleiz
ist die Geburtsstadt von Johann Friedrich Böttger (1682) und war auch in der Zeit von 1869-1876 Wirkungsstätte von Dr. Konrad Duden. Das Schleizer Dreieck gilt als die Geburtsstätte der deutschen Motorrad- und Straßenmeisterschaften.

Burgk
Westlich von Schleiz, am Ausgleichsbecken der Bleilochtalsperre, findet man das kleine Dorf Burgk. Inmitten der reizvollen Landschaft im Bereich der oberen Saale zählt Schloß Burgk mit seiner Silbermann- Orgel, als ehemaliger Jagd- und Sommersitz der Fürsten Reuß ältere Linie, zu den lohnenswerten Ausflugszielen.

Baugeschichten
Bereits 1366 wurde Burgk an den Deutschen Ritterorden in Schleiz verkauft. Nach kurzer Zeit fand der Rückkauf statt. 1403 errichtete der damalige Besitzer, Herr Heinrich von Gera, anstelle der alten Burg einen Neubau. Aus Aberglauben, um den Zugang böser Geister abzuwehren, wurde beim Bau ein Hund lebendig eingemauert.
Bei Abbrucharbeiten fand man dieses mittelalterliche Bauopfer. Der versteinerte Hund kann heute besichtigt werden.

Der legendäre Bauerngeneral Georg Kresse
Der 1604 geborene Bauernsohn wurde geprägt durch die Brutalitäten des Dreißigjährigen Krieges, denen er sich auf eigene Weise widersetzte. Als „Freischärler" begann er 1628 auf eigene Faust für Gerechtigkeit zu sorgen, überfiel Söldnertruppen und schützte einzelne Höfe vor Ausplünderungen. Für die Bauern wurde er zum Idol, zum „Bauerngeneral". 1641 nahm man ihn gefangen und erschoß ihn.

Eine Rennstrecke mit Tradition und die schönste Ostthüringer Kirche

Von Zeulenroda über Schleiz nach Schloß Burgk

Zeulenroda verblüfft Durchreisende mit einem Rathaus, das an einen lombardischen Palazzo erinnert. Entworfen hat es nicht ein Architekt, sondern der einheimische Strumpfwarenfabrikant Christian Heinrich Schopper, gebaut wurde es im klassizistischen Stil 1825-27. Die vergoldete Figur der Göttin Themis, die den Turm krönt, wird von den Zeulenrodaern despektierlich „Gette“ genannt, eine Verballhornung des Frauennamens Henriette.

Der Ort ist eine Gründung der Vögte von Weida und liegt am Kreuzungspunkt historischer Straßen, wo sich die Wege der Vögte von Weida und die der Herren von Lobdeburg kreuzten. Das Stadtrecht wurde 1438 erteilt, der damit verbundene Stadtbrief ist als Original erhalten und stellt das älteste Dokument reußischer Städte dar; er kann im Städtischen Museum besichtigt werden. 1500 fiel Zeulenroda als Mitgift an die Herrschaft Reuß-Greiz. Die Stadt wurde von ihrem wirtschaftlichen Hinterland abgeschnitten, die Bewohner verarmten.

Die Kleinstadt mit dem viel zu groß geratenen Rathaus war einst ein bedeutender Industriestandort. Um 1700 wurde hier die Zeugmacherei eingeführt, bald darauf kam die Strumpfwirkerei auf. Mit der Innungsgründung der Strumpfwirker 1744 setzte der industrielle Aufschwung ein. Die Zeulenrodaer sind noch heute stolz darauf, daß die zur Strumpfherstellung benötigten, technisch komplizierten „Handrößchenstühle“ in ihrer Stadt gefertigt wurden. Sie standen für den bescheidenen Beginn des Maschinenbaus und verschafften den handwerklich exzellent gefertigten Zeulenrodaer Strümpfen Weltrang. Auch die Herstellung von Trikotagen, Gummiwirk– und Strickwaren und das Tischlerhandwerk mit seiner Möbelproduktion verhalfen der Stadt zu Wohlstand. Wie wichtig die „Stadt auf der Höh“ (415 m über dem Meeresspiegel) einmal war, zeigt sich darin, daß es bereits 1871 hier eine Poststation der fürstlichen Postverwaltung Thurn und Taxis gab. Von Greiz nach Zeulenroda benötigte die Fürstlich-Reußische Hofpost 1818 cirka vier Stunden.

Heute versucht man auf ganz andere Weise an einstige wirtschaftliche Erfolge anzuknüpfen. Das Unternehmen Excellent Dessous stellt feine Miederwäsche her, verschaffte vielen Arbeitnehmern einen Arbeitsplatz und konnte seinen Umsatz stetig steigern. 1997 wurde in Zeulenroda das Tropenbad „Waikiki“ eröffnet, eine Wasserfreizeitanlage der besonderen Art. Erlebnisbaden ist angesagt, und selbst die Hawaii-Insulaner, von denen einige als Delegation zur Eröffnung erschienen waren, bestätigten den Zeulenrodaern, daß sie die vielen Millionen Mark an Kosten richtig verbaut hätten. Das Tropenbad „Waikiki“ ist ein Wasserfreizeitparadies mit hawaiianischem Ambiente, ausgestattet mit azurblauen Lagunen, üppiger Südseebepflanzung und rauschendem Wasserfall vor einer Grotte. Ein Ort, an dem jeden Tag die Sonne scheint. Mit diesem Erlebnisbad wurden zugleich die Weichen gestellt: Die Stadt in einer intakten waldreichen Natur will sich als Tourismusstandort profilieren.

Dafür ist sie mit dem Naherholungsgebiet Rabensleite und der Talsperre Zeulenroda auch gut geeignet. Rad- und Wanderrouten sind ausgeschildert, kleine Dörfer ringsumher laden zum Besuch ein. Lohnenswert ist ein Ausflug zum Pöllwitzer Wald, einem Waldgebiet von nahezu 2000 Hektar, mit zahlreichen Biotopen und Naturlehrpfaden.

Fans des Motorrennsports ist Schleiz ein Begriff. 1923 fand hier die erste deutsche Leistungsprüfung für Krafträder statt. Seit 1924 wird das Schleizer Dreieckrennen durchgeführt, die Rennstrecke mit ihren 22 Kurven ist die älteste Naturrennstrecke Deutschlands. Demnächst soll sie umgebaut werden zu einem Motor- und Freizeitpark allererster Güte. Die Pläne für die etwa vier Kilometer lange Rennstrecke greifen weit, wahre Autofreaks träumen sogar schon von einer vorüberdonnernden Formel 1. Aber noch sind die bürokratischen Hürden nicht bewältigt. Das Schleizer Dreieckrennen war als Motorradrennen so populär, daß 1929 schon 100 000 Zuschauer gezählt wurden. Vergeben wurde der Titel „Meister der Straße“. In den fünfziger Jahren waren es bei jeder Gesamtmeisterschaft

Erlebnis

Zeulenroda

Städtisches Museum
Aumaische Straße 30
Tel. 03 66 28/8 30 06
Darstellung der Geschichte des Ortes, mit einer originalen Strumpfwirkerstube

Rathausbesichtigung mit Turmbesteigung
Pressestelle der Stadtverwaltung
Markt 1
Tel. 03 66 28/4 81 12
Führungen nach Absprache

Tropenbad Waikiki
Am Birkenwege 1
Tel. 03 66 28/73 70

Naherholungsgebiet Rabensleite
Spazierwege, Sportmöglichkeiten, Wildtiergehege

Burgk

Museum Schloß Burgk
07907 Burgk
Tel. 0 36 63/40 01 19
Das Schloß ist selbst ein architektonisches Ensemble, geprägt von den Baustilen der Gotik bis zum Rokoko. Eine Kostbarkeit ist die mit etwa 30 000 Exemplaren ausgestattete größte Exlibris-Sammlung Deutschlands

Essen und Trinken

Café Zum Karpfenpfeifer
Markt 9
07937 Zeulenroda
Tel. 03 66 28/7 95 80
Gilt mit seinen hausgebackenen Kuchen als Zeulenrodaer Original

Hotel und Gaststätte Scheunenschänke
Scheunengasse 3-5
07937 Zeulenroda
Tel. 03 66 28/8 29 23

Ratskeller
Markt 1
07937 Zeulenroda
Tel. 03 66 28/8 22 72

Hofmann's Schloßterrasse
auf Schloß Burgk
07907 Burgk
Tel. 0 36 63/40 23 41

250 000 Fans, die sich am Heulen aufgetrimmter Motoren entzückten. 1961 wurde die Strecke erstmals von Rennwagen befahren. 1990 fand das erste Nachwenderennen statt. Nun soll die Strecke durch einen Neubau ersetzt werden. Die Stadt Schleiz verspricht sich davon einen wirtschaftlichen Aufschwung, würde doch ein Freizeitpark mit Hotels, Restaurants und modernen Dienstleistungseinrichtungen entstehen. Die Schleizer stehen mehrheitlich hinter dem Projekt, es gibt aber auch eine Bürgerinitiative gegen den geplanten Rennpark.
Schleiz hat, wie nahezu alle Orte der Region, eine slawische Vergangenheit. Im frühen Mittelalter war es der Mittelpunkt der Terra Wisenta, des Landes, das seinen Namen von dem kleinen Fluß hat, der sich an Schleiz vorbeischlängelt. Bei seiner ersten urkundlichen Erwähnung 1297 gehörte Schleiz den Lobdeburgern, einem fränkischen Adelsgeschlecht. 1318 kam es unter die Herrschaft der Vögte von Gera. Zur Bedeutung gelangte es erst, als es 1590 den Reußen von Plauen zu Greiz zugesprochen wurde. Durch Herrschaftsteilung des Hauses hatte es ab 1666 den Rang einer Residenz für die Linie Reuß-Schleiz inne. Von 1616 bis 1918 war Schleiz im Besitz von Reuß jüngere Linie. Ab 1647 bestand innerhalb der Linie eine selbständige Herrschaft, 1806 wurde es zum Fürstentum erhoben. Allerdings reduzierte der Dreißigjährige Krieg die Bevölkerung um die Hälfte, starben 1575 cirka 650 Einwohner an der Pest und setzten im 16./17. und 19 Jahrhundert katastrophale Brände der Stadt zu. Die Bombardierung 1945 vernichtete die alte Bausubstanz fast gänzlich. Das Schloß wurde bis auf zwei Türme abgetragen, die Stadtkirche wurde in veränderter Form wiederaufgebaut. In den dreißiger Jahren des 20. Jahrhunderts entstand das Wisentahaus, heute Verwaltungssitz. Am Neumarkt fällt ein interessantes historisches Gebäude auf, die Alte Münze. Das 1647 errichtete Haus war ab 1678 Prägestelle für reußisches Geld, heute wird es für kulturelle Zwecke genutzt.
Schleiz brachte zwei Männer hervor, die zu Weltruhm gelangt sind. 1682 wurde hier Johann Friedrich Böttger geboren, der im Auftrag des sächsischen Kurfürsten Augusts des Starken solange experimentierte, bis das Porzellan zum zweiten Mal erfunden war. Der andere war der aus dem Rheinland zugewanderte Konrad Duden, der 1869-76 als Rektor des Schleizer Gymnasiums (Rutheneum) fungierte, bis er sich ganz dem Schaffen des nach ihm benannten Dudens, des ständig aktualisierten Nachschlagewerks für die Rechtschreibung der deutschen Sprache, widmete.

Ein wenig über die nördliche Stadtgrenze von Schleiz hinaus, gelangt man zu einer kunstgeschichtlichen Attraktion. Die spätgotische Bergkirche auf dem Liebfrauenberg gilt vielen Kennern des Reußenlandes als die reizvollste aller Kirchen an der Fürstenstraße. Sie ist wie hineingerammt in einen leicht ansteigenden Hang hoch über dem Tal. Schon vor mehr als tausend Jahren soll es an dieser Stelle ein provisorisches Gotteshaus gegeben haben. Das Portal dieser Straßenkapelle für die Fuhrleute, die hier Beistand erbaten für ihren Weg durch das sumpfige Plothener Teichgebiet, wurde in der zweiten Hälfte des 12. Jahrhunderts in den gotischen Neubau mit einbezogen. Die Bergkirche avancierte zur wichtigsten Begräbnisstätte der Grafen und Fürsten aus dem Hause Reuß jüngere Linie. Das hatte Folgen für die Ausgestaltung des Inneren ab 1630. Barocker Formenreichtum bildet sich ab an den Emporen, am Fürstenstand, an Ratssitz, Altar und Prunkepitaphen, nicht zuletzt an der Ausmalung des weiten Netzgewölbes. 1983 wurde die Schleizer Bergkirche umfassend restauriert.
Westlich von Schleiz, in einer waldreichen Gegend, liegt das guterhaltene Schloß Burgk, das zur Kette jener Bergfestungen gezählt wird, von denen Historiker annehmen, daß sie im 12. Jahrhundert angelegt worden sind, um die Übergänge am Mittel- und unteren Oberlauf der Saale zu sichern. Wer sich über die Hänge des Saaletales dem historischen Gemäuer nähert, gewinnt den Eindruck, daß es über der Wasserfläche des gestauten Flusses schwebt. Der Bergsporn über der Saaleschleife ragt weit ins Tal vor und bot den Besitzern der Wehr- und Wohnburg eine hervorragende Einsicht in das Geschehen am Fluß.
Im frühen Mittelalter soll die Burg den Herren von Lobdeburg gehört haben, dann den Vögten von Gera. Die heutige Anlage stammt aus dem frühen 15. Jahrhundert und wurde von den Herren von Gera konzipiert. Alles ist da, was zu einer trutzigen Bastion gehört: Torhaus und Zwinger, Gräben und Hungerturm, Kapelle und Breitwohnturm. Die Mauerstärke von 2,50 Meter unterstreicht die Wehrhaftigkeit des querriegelförmig angelegten, wuchtigen Baus. Eine Besonderheit ist der von zwei Wallgräben umschlossene Zwinger, der vier übereinanderliegende Wehrgänge besitzt – das gibt es in Ostthüringen kein zweites Mal. Originell ist der über 20 Meter hohe Kamin der Schwarzküche, deren Herd mitten im offenen Raum steht. Der Kamin ruht nicht auf Grundmauern, sondern auf tragenden Bogen – eine in seinem Ausmaß architektonische Seltenheit in Europa.

Aus Chroniken ist bekannt, daß die Burg- und Schloßherren – ab 1590 endgültig die Reußen – wie alle Herrscher Wert darauf legten, gut bekocht zu werden. Von großen Festen ist die Rede, zu denen im Hof die riesigen Fleischspieße über dem Feuer gedreht, wo Unmengen an Bier und Wein verabreicht wurden und sich die Tische bogen unter der Last süßer Desserts.
Im 17. Jahrhundert, als die Wehrfunktion der Burgen fast völlig aufgehoben wurde, erfolgte der Ausbau zu repräsentativen Residenzschlössern. Infolge der Kleinstaaterei in den reußischen Landen wurde auch Burgk zu einem solchen prachtvollen Schloß umgewandelt. Heinrich II. Reuß ältere Linie wurde 1616 Gründer der ersten Herrschaft Burgk. In dieser Zeit erhielt das historische Gebäude sein im wesentlichen noch heute vorhandenes Äußeres. Kapelle und Breitwohnturm stammen noch aus der Anfangszeit (Beginn des 15. Jahrhunderts). Kein Geringerer als Gottfried Silbermann baute 1743 die Orgel in den frühbarocken Kirchenraum ein. Sie gehört zu den kleinsten Silbermann-Orgeln und zu den wenigen, die fast unverändert erhalten blieben. Zur gleichen Zeit überzogen die besten Stukkateure die Räume mit reichen Rokokodekorationen, die Decke des Jagdsaals wurde ausgemalt. Schloß Burgk verwandelte sich in ein beachtliches Reußenschloß. Als Prunkzimmer diente das repräsentative Schlafzimmer, dessen Bett das bedeutendste Stück des Mobiliars war. Es stand in einem öffentlich zugänglichen Raum und hatte thronähnlichen Charakter, wurden doch von hier aus allerhöchste Staatsgeschäfte getätigt. Solche fürstlichen Gewohnheiten sind zum Beispiel auch aus Versailles bekannt. Wer mächtig war, konnte es sich leisten, von seinem Lager aus zu regieren. Das standesfürstliche Denken sah darin nicht den geringsten Anlaß für einen Konventionsbruch.
Schloß Burgk war seit Anfang des 18. Jahrhunderts Jagd- und Sommerresidenz der Fürsten Reuß ältere Linie. In einem Jagdzimmer des Museums findet man Zeugnisse der fürstlichen Jagd aus dem 17. bis 19. Jahrhundert. Die Reußen hatten das Jagdrecht vermutlich schon um 1355 vom Kaiser verliehen bekommen, konnten es jedoch aufgrund der örtlichen Gegebenheiten nicht entsprechend ausüben. Später hatte die Jagd mehr volksfestähnlichen Charakter und war zugleich fürstliche Selbstdarstellung.

Unterkunft

Hotel Goldener Löwe
Kirchstraße 15
07937 Zeulenroda
Tel. 03 66 28/6 01 44
Hotel mit gutem Restaurant und Wellness-Oase

Pension Kastanienhof
Obere Haardt 6
07937 Zeulenroda
Tel. 03 66 28/8 32 80
Ruhig und idyllisch für den Reitsporturlaub

Flair Hotel und Restaurant Luginsland
Am Schleizer Dreieck 8
07907 Schleiz-Heinrichsruh
Tel. 0 36 63/4 80 50
Mit einem ambitionierten Küchenbetrieb

Hotel-Restaurant Am Schloßberg
Paskaer Straße 1
07924 Ziegenrück
Tel. 03 64 83/7 50
Idyllische Lage direkt an der Saale

*Zeulenroda. Rathaus.
Der Mittelturm des dreistöckigen Gebäudes aus dem 19. Jh. wird gekrönt von einer vergoldeten Statue der Themis, der griechischen Göttin der Ordnung und Gerechtigkeit.*

Zeulenroda. Städtisches Museum. Das Jugendstilzimmer um 1905, die sogenannte „gute Stube“.

Ländliche Idylle in Diesewitz bei Zeulenroda.

Zeulenroda. Die Trinkwassertalsperre - auch „Zeulenrodaer Meer“ genannt - besitzt ein Stauvolumen von 28,9 Millionen Kubikmetern.

Schloß Burgk. Harmonie zwischen Architektur und Landschaft im ehemaligen Jagd- und Sommersitz der Fürstenfamilie Reuß ältere Linie.

Der Rittersaal im Museum Schloß Burgk wurde ab dem 17. Jh. als Festsaal genutzt, um 1850 zu einem Raritätenkabinett umgestaltet. Aufgrund der ausgezeichneten Akustik finden hier im Sommer Konzerte statt.

Silbermannorgel im Museum Schloß Burgk, von Gottfried Silbermann 1743 geschaffen.

Schleiz. Von 1616 bis 1918 gehörte Schleiz zur Herrschaft Reuß jüngere Linie.

Schleiz. Die älteste Naturrennstrecke Deutschlands – das Schleizer Dreieck.

Schleiz. Die Bergkirche ist eine spätgotische Kirche außerhalb der Stadt. Sie gilt unter Kennern aufgrund ihres barocken Formenreichtums im Inneren als eine der reizvollsten in den reußischen Landen.

Von Saalburg über Ebersdorf zum Moorbad Lobenstein

Information

Fremdenverkehrsamt Saalburg
Markt 73
07929 Saalburg
Tel. u. Fax 03 66 47/2 22 59

Gemeindeverwaltung Ebersdorf
Parkstraße 1
07368 Ebersdorf/Thür.
Tel. 03 66 51/8 89 23
e-mail:ge.ebersdorf.thuer
a t-online.de

Stadtverwaltung Moorbad Lobenstein e.V.
Fremdenverkehrsamt
Am Graben 18
07356 Lobenstein
Tel. u. Fax 03 66 51/25 43

Wissenswert

Saalburg
gelegen an der Bleilochtalsperre – dem größten Stausee Deutschlands – bietet neben gutausgebauten Wanderwegen auch Fahrgastschiffahrt an.

Saalburg gehörte ehemals zur Herrschaft Reuß jüngere Linie.

Ebersdorf/Thüringen
war ehemals Residenz des Fürstentums Reuß-Ebersdorf und ist heute Luftkurort.

Lobenstein
liegt im Süden des Thüringer Schiefergebirges und wird umrahmt von den Ausläufern des Frankenwaldes und dem Gebiet der Saaletalsperren; ehemals Residenz des Fürstentums Reuß-Lobenstein.

Lola Montez
Die skandalumwitterte spanische Tänzerin zog 1843 in Ebersdorf ein, nachdem Heinrich LXXII. sie auf Reisen kennengelernt, sich in sie verliebt und in seine Residenz eingeladen hatte. Lola Montez hatte jedoch große Schwierigkeiten mit der Hofetikette. Während eines Festes fühlte sie sich vom Gesang der Schüler genervt und hetzte den Hund des Fürsten auf die Kinder.
Mit ihrem Geliebten legte sie sich auch in aller Öffentlichkeit an, bis sie aus dem Schloß und dem Land verwiesen wurde.

Saalburg. Wanderwege rund um die Bleilochtalsperre, aber auch Schiffsfahrten und Wassersportmöglichkeiten laden zur aktiven Erholung ein.

Lobenstein. Markt. Alljährlich lädt der Lobensteiner Markt im August zu seinem Marktfest ein. Interessant ist das Rathaus mit dem „Fäßleseecher“, einer Figur aus der Lobensteiner Stadtgeschichte.

Wo die Reußische Fürstenstraße endet

Von Saalburg über Ebersdorf zum Moorbad Lobenstein

Saalburg ist das Tor zur Bleilochtalsperre, einem Hochwasserschutzreservoir, dessen Bau 1932 beendet wurde. Die Sperrmauer dient der Wasserregulierung von Saale und Elbe, sie ist 250 Meter lang und 65 Meter hoch. Weil sie zwischen den Bleibergen liegt, erhielt der 28 Kilometer lange See den Namen Bleilochstausee. Bei Natur- und Badefreunden erfreut sich die künstliche Seenlandschaft, eine der größten ihrer Art in Europa, großer Beliebtheit. Populär ist auch die Fahrgastschiffahrt auf diesem Gewässer. Thüringer Wald, Frankenwald und Erzgebirge umschließen hier das Gebiet der Oberen Saale.
Saalburg am Fuß des Kulmberges wird 1216 erstmals erwähnt, da sind Klosterkirche und Kloster bereits vorhanden. Als Stifter des Zisterziennserinnenklosters werden die Vögte von Gera genannt. Die Bewohnerinnen des Klosters stammten großteils aus den Adelsfamilien des Umlands. Das Kloster zum Heiligen Kreuz, das sehr reich gewesen sein soll, wurde 1544 im Zuge der Reformation aufgelöst, seine umfangreichen Besitzungen aufgeteilt. Heute sind nur noch geringe Reste übrig.
Saalburg, die Stadt, die ihrem Namen der Saaleburg verdankt, die hoch über dem Saaletal errichtet wurde und den bedeutenden Saaleübergang kontrollierte, hat in einigen Gassen immer noch die Atmosphäre des Mittelalters aufbewahrt. Hinter der Fassade des heutigen Gasthofs Kranich verbirgt sich das einstige Zoll- und Amtshaus der Stadt, gleich daneben steht das letzte erhaltene Stadttor, an das sich die Reste der Stadtmauer anschließen. Durch das Tor mußten im Mittelalter alle Reisenden, die von Nürnberg nach Leipzig oder in entgegengesetzte Richtung wollten. Der Wegezoll ließ es in der Stadtkasse kräftig klimpern. Das älteste noch erhaltene Bauwerk der Stadt ist die Kirche St. Marien, deren Bau in die Zeit Anfang des 13. Jahrhunderts fällt. Von 1646-66 war Saalburg kurze Zeit Residenz einer reußischen Herrschaft. Von der einst mächtigen Burg sind nur noch die Grundmauern als letzte Zeugen einer vergangenen Epoche zurückgeblieben, 1913 war noch der Turmstumpf des Bergfriedes eingestürzt.

Südwestlich von Saalburg liegt eine der anmutigsten ehemaligen reußischen Residenzen, Ebersdorf mit seinem Barockschloß, das 1694 von Heinrich X. bezogen wurde. Damit begann die Geschichte des Ortes. Die Ehefrau des Grafen, Erdmuthe Benigna Gräfin von Solms-Laubach, war eine pietistisch fromme Frau, beseelt von protestantischem Reformbemühen und sozialem Engagement. Durch die Heirat des Grafen Zinzendorf mit einer Ebersdorfer Prinzessin entwickelte sich die bereits bestehende kleine evangelische Gemeinde rasch zu einer eigenständigen Institution. In Ebersdorf entstand eine Herrnhuter Brüdergemeine, die neben einem großen Gemeinhaus auch Kinderheim, Waisen- und Witwenhaus betrieb. So wurde aus der einfachen Bauernsiedlung ab Mitte des 18. Jahrhunderts ein städtisch anmutender kleiner Ort mit schlichten Barockbauten entlang der Hauptstraße. Die Reußen hielten hier gerne hof, es wurden viele Feste gegeben. 1788 wurde das Schloß umgebaut und vergrößert, die klassizistische Säulenfront entstand Anfang des 19. Jahrhunderts. Damals wurde auch ein Schloßgarten im Barockstil angelegt, mit Laubengängen, Pavillons und einem Vogelhaus. Man verlegte die Orangerie in den Garten und pflanzte Baumgruppen mit etwa 600 Buchen, 200 Linden und zahlreichen Ahornbäumen an, die diesen „romantischen“ Park bis heute prägen. Berühmte Gäste waren Napoleon, aber auch die Schauspielerin Lola Montez, die einige Zeit die Geliebte des leicht exzentrischen Heinrich LXXII. war. Als der Fürst 1848 während der Revolution abdankte und auf den Thron verzichtete, gelangten Schloß und Park in den Besitz des Schleizer Fürsten. Zu Beginn des 20. Jahrhunderts war der Künstler Ernst Barlach, der mit den Reußen befreundet war, zu Besuch in Ebersdorf. Er schuf die heute noch zu besichtigende Grabstätte des letzten regierenden Fürsten Heinrich XXVII. Reuß jüngere Linie.
Wunderschön gelegen ist der Landschaftsgarten mit der Orangerie. Im Ortsteil Saaldorf beeindruckt das einstige Jagdschloß Weidmannsheil, 1837 als neogotischer Bau mit Anbauten

Erlebnis

Ebersdorf

Kirche mit Gottesacker der Brüdergemeine
Die bewußt schlicht gehaltene Kirche stammt aus dem Jahre 1746, hat kein Längs- sondern Querformat. Auf dem Friedhof gibt es eine Brüder- und Schwesternseite mit einheitlichen Grabsteinen, auch Angehörige der Reußenfamilie wurden hier begraben

Parkbesichtigung
Führung nach Vereinbarung – Anmeldung bei der Gemeindeverwaltung Ebersdorf.
Reizvolle Fotomotive sind das Teichhäuschen und das Teehäuschen.
Südwestlich vom Park liegt das von Ernst Barlach geschaffene Denkmal, das Heinrich XLV. Erbprinz Reuß 1929 bei dem Künstler in Auftrag gegeben hatte.
Das Schloß ist heute Pflegeheim und nur von außen zu besichtigen

---

Heinrichstein
Das steil aufsteigende Felsmassiv, nach den Heinrichen von Ebersdorf benannt, bietet einen der schönsten Ausblicke in das Gebiet der Oberen Saale. Von Ebersdorf führt ein Wanderweg entlang der gestauten Saale zum Heinrichstein (ca. 3 km)

Saalburg

Märchenwald und Freizeitpark
Tel. 03 66 47 / 2 22 18

Essen und Trinken

Gasthaus Kranich
Markt 59
07929 Saalburg
Tel. 03 66 47/ 2 24 48

Reußischer Hof
Hirschberger Straße 2
07356 Lobenstein
Tel. 03 66 51/22 04
Auch hier werden Gerichte in der Tradition der Reußen zubereitet

Gasthof Zur Krone
Krankenhausstraße 2
07368 Ebersdorf
Tel. 03 66 51/8 70 41
Fax 03 66 51/3 09 58

entstanden und reizvoll über einer kleinen Schlucht gelegen. Umgeben ist das Schlößchen von einem kleinen Park. Die Reußen verstanden es, ihre Bauten harmonisch in die Natur einzufügen und sich zugleich standesgemäße Residenzen zu schaffen.

Die Reußische Fürstenstraße endet in Lobenstein, einem Moorbad am Rand des Frankenwaldes. Die zirka 150jährige Kurtradition des Ortes ist zurückzuführen auf Mineralquellen, die sehr eisenhaltig sind. Der Badebetrieb begann 1863, doch erst als der Heilschlamm aus dem Hochmoor des Ortes Helmsgrün einbezogen wurde, begann der Kurbetrieb zu florieren. Heute gibt es im Ort eine Rehabilitationsklinik.

Im 12. Jahrhundert wurde die Burg durch die Herren von Lobdeburg gegründet. Sie war Bestandteil eines Burgengürtels, der eine fränkisch-thüringische Grenzbefestigung gegen slawische Volksstämme bildete. Das 1278 mit dem Stadtrecht beschenkte Lobenstein ging nach dem Aussterben der Burggrafen von Meißen 1572 an die Reußen über. Ab 1647 bis 1824 gehörte es dann zu Reuß jüngere Linie. Von der im Dreißigjährigen Krieg zerstörten Burg gibt es nur noch den 30 Meter hohen Bergfried mit dem Torstumpf, auch „Alter Turm" genannt. Von diesem Aussichtspunkt aus hat man einen wunderbaren Blick auf die waldreiche Umgebung mit den darin eingesprenkelten Ortschaften.

Einem verheerenden Brand 1714 fielen Teile der Stadt sowie das Schloß zum Opfer. 1714 bis 1718 wurde das Neue Schloß außerhalb der Stadtmauern errichtet. Als es fertiggestellt war, galt es wegen seiner betonten Sachlichkeit als ein für seine Zeit progressiver Bau. Umgeben war es von einem großartig gepflegten Barockgarten,

Herrengarten genannt. Mitte der neunziger Jahre wurde der Schloß–und–Kurpark umfassend saniert und ist heute wieder eine Wohltat für die Augen. In der ehemaligen Schloßwache ist nun die Stadtgalerie untergebracht.

Das Gebäude, in dem das Fremdenverkehrsamt untergebracht ist, erinnert ebenfalls an die Zeit der Reußen. In ihm befanden sich die Reisekutschen der Fürsten. Sehenswert ist auch das Rathaus, das im 14. Jahrhundert erbaut wurde. Die Figuren an den Außenwänden stellen typische Berufe in dieser Gegend dar – Bauern, Schäfer, Jäger. Unterhalb der Rathausuhr fällt eine merkwürdige Gestalt auf, im Volksmund „Fäßleseecher" genannt, eine Symbolfigur aus der Tuchweberzeit.

Vielerorts in Ostthüringen erinnern bauliche Hinterlassenschaften der Reußen an die lange Zeit, in der sie die Geschicke dieser Region entscheidend mitbestimmten. Manche sehen heute in dem Fürstengeschlecht nur „alte Junker", doch die Ostthüringer mit ihrem ausgeprägten Traditionsbewußtsein erkennen die Strukturen, die dieses Geschlecht über acht Jahrhunderte hinweg dieser Gegend gegeben haben. Sie entdecken die Geschichtserfahrung wieder und nehmen daraus folgernd die Landschaftsbetrachtung unter einem anderen Vorzeichen wahr.

Ostthüringen, dieses von der Natur so anmutig umarmte Land, ist Reußenland, und deshalb ist es nicht verwunderlich, daß die Reußentradition nun wieder auflebt. Wie sagte doch der Grenzpolizist? Die Reußen sind einfach „die, die hierher gehören".

Unterkunft

Hotel Fürstenhöhe
Am Kulmberg 3
07929 Saalburg
Tel. u. Fax 03 66 47/2 22 26
Hier auch Buchung der Fahrgastschiffahrt auf der Bleilochtalsperre

Hotel und Restaurant Lobensteiner Marktstuben
Markt 24
07356 Lobenstein
Tel. 03 66 51/24 88
Fax 03 66 51/3 00 25

Ebersdorf.
Blick vom Heinrichstein auf die angestaute Saale.

Lobenstein. Der Kurpark mit dem Parkpavillon gehörte bis 1824 zur Residenz der Herrschaft Reuß-Lobenstein-Ebersdorf jüngere Linie.

Lobenstein. Regionalmuseum zur Stadtgeschichte. Ebenfalls empfehlenswert ist die Ausstellung über Thüringer Kräuter.

Ebersdorf. Barockes Schloß Ebersdorf mit klassizistischen Säulenfassaden.

Prinz Reuss
SEKT · TROCKEN
SEKT · TROCKEN
Prinz Reuss
SEKT
Prinz Reuss
SEKT

Wie die Reußen zu ihrem Sekt kamen

Engagement für den Kultur- und Wirtschaftsstandort Ostthüringen

An Fürstenhöfen perlt es. Das hat Tradition. Elegante Stielgläser, in denen Hochkarätiges sanft schäumt, gehören zu aristokratischen Gesprächsrunden wie Bücher zu Lesenden. Es muß aber schon etwas Erlesenes sein. Das war die Idee, als Heinrich XIII. Prinz Reuß aus Frankfurt am Main, ein Enkel des letzten Regenten des Fürstentums Reuß jüngere Linie und Unternehmer (Immobilien, Kunsthandel, Forstwirtschaft, Projektentwicklungen), 1991 nach Ebersdorf kam. Mit ihm seine Familie und sein erstgeborener Sohn, Heinrich XXVII., der erste Reuße, der seit 1945 wieder in Thüringen getauft werden konnte.

Im Umkreis der Taufhandlung wurde von Prinz Reuß die Idee geboren, ein erlesenes Cuvée zu kreieren, den „Prinz Reuss Sekt". Zusammen mit einer namhaften deutschen Sektkellerei werden seit einigen Jahren „Prinz Reuss Sekt trokken" und „Prinz Reuss Sekt halbtrocken" angeboten. Der Sitz der neugegründeten Firma war Schloß Osterstein in Gera.

Die beiden Sektsorten entstehen nach einer sorgfältigen Auswahl von Grundweinen in erstklassigen Anbaugebieten. Nur das Beste ist gut genug. Es wird besonders darauf geachtet, daß säurearme Weine zur Sektherstellung herangezogen werden. Der Sekt „Trocken" besitzt einen dezent weinigen, zugleich unverwechselbar eigenen Geschmack, der Sekt „Halbtrocken" ist gekennzeichnet durch einen ebenso weinigen und zugleich leicht lieblichen Akzent. Die Farbe des Sekts ist ein hell perlendes Gelb von sympathischer Transparenz.

Besonderes Augenmerk wurde auf die Präsentation von „Prinz Reuss Sekt" gelegt. Er wird in mattschwarz lackierten Flaschen mit goldenem Aufdruck angeboten, verschlossen mit Naturkorken. Auch Sektschalen, Sektkühler, Speisekartenmappen und Getränkepapiere sowie Reservierungsschilder werden mit dem „Prinz Reuss Sekt"-Aufdruck vertrieben. Daß das junge Unternehmen in Gera residiert, findet allgemeine Zustimmung.

Heinrich XIII. Prinz Reuß versucht in vielfältiger Hinsicht an Traditionen seiner Familie anzuknüpfen und unternehmerische und Sponsor-Initiativen zu entwickeln. Ein besonderes Anliegen ist ihm die kulturelle und sportliche Förderung in Ostthüringen. Veranstaltungen, Repräsentationen und Events, die mit dem Namen derer von Reuß in Verbindung gebracht werden, erfahren Unterstützung von der Firma „Prinz Reuss Sekt", besonders wenn dabei ehemals reußische Orte eine Rolle spielen. Das gilt für das „Reußische Kammerorchester" und das „Museum für Angewandte Kunst" in Gera ebenso wie für den Verein „Reußische Fürstenstraße" und das Sommerpalais in Greiz. Als Zeitgenosse mit Liebe und gar eigenen Ambitionen zum Motorrennsport ist dem Prinzen vor allem die Förderung der Rennstrecke Schleizer Dreieck ein Bedürfnis. Unterstützt wurde auch die Sportstätte des Reitvereins Gera, das sich zu einem neuen Zentrum des deutschen Reitsports entwickelt hat; u.a. fanden hier bereits nationale und internationale Meisterschaften und Wettbewerbe statt. Damit versuchen Heinrich XIII. und seine Familie eine der besten Traditionen ihres Geschlechts fortzuführen: die Stärkung der Wirtschaftsregion und die Förderung historischer und kulturell gewachsener Traditionen in Ostthüringen.

Repräsentant für Ostthüringen

Geraer Getränke Großhandel GmbH
Ernseer Straße 10
07548 Gera-Ernsee
Tel. 0365/81 02 83
Fax 0365/81 05 23

Kontakt kann aber auch direkt aufgenommen werden:
Büro Prinz Reuß
Postfach 170450
60078 Frankfurt
Tel. 069/1 70 00 70
Fax 069/1 70 00 777

Veranstaltungen

Eine Auswahl traditioneller Veranstaltungen und Ortsfeste in Ostthüringen

MAI

Karpfenpfeiferfest in Zeulenroda
Größtes Straßenfest der Region

JUNI

Park- und Schloßfest in Greiz
Mit Festumzug

Burgfest auf Burg Posterstein

Pfefferbergfest in Schmölln
Jährlich am letzten Wochenende im Juni findet das Pfefferbergfest statt.

Open-air-Konzert an der Göltzschtalbrücke

Osterburg- und Heimatfest in Weida
Traditionelles Fest an jedem letzten Wochenende im Juni mit mittelalterlichem Burgspektakel.

Sängertreffen auf der Burgruine Reichenfels
Sängertreffen am letzten Wochenende im Juni (mehr als ein Dutzend Chöre)

Brückenfest in Wünschendorf

JULI

Froschparkfest Hohenleuben
Jährlich am dritten Juliwochenende wird der Wettkampf um den Titel des Froschkönigs ausgetragen, Bewerber sollten nicht wasserscheu sein.

Internationales Musikfest in Vollmershain

Sommernachtsfest am Saalestrand in Saalburg

Internationales Open-air-Spektakel in Gera

Parkfest in Ebersdorf

Schloßfest in Ronneburg

AUGUST

Stadtfest in Zeulenroda

Marktfest in Lobenstein
Auf einer Zunftstraße wird altes Handwerk und Gewerbe vorgestellt.

AUGUST/SEPTEMBER

Theaterherbst in Greiz
Zehn Tage dauert das Kulturfestival an ungewöhnlichen Spielstätten der Stadt. Unter Anleitung erfahrener Werkstattleiter entstehen Inszenierungen, Theatertexte- und Kritiken, Videofilme, Bühnenbilder, Fotoserien und Objekte der bildenden Kunst.

Weid'scher Kuchenmarkt

Klostergartenfest im Kloster Mildenfurth
Zum „Tag des offenen Denkmals“ findet im kleinen Tonnengewölbe des Klosters die Eröffnung der Ausstellung „Plastik und Keramik“ statt. Kunsthandwerker stellen ihre Erzeugnisse aus, die auch käuflich erworben werden können.

Dahlienfest in Bad Köstritz
Krönung der Dahlienkönigin

Weid' scher Kuchenmarkt in Weida
Traditionsfest mit Wahl der Weid'schen Kuchenfrau. Hausgebackene Kuchen – eine osterländische Spezialität – sind Mittelpunkt des Festes.

City- und Blasmusikfest in Schleiz

OKTOBER

Höhlerfest in Gera
Das Höhlersystem unter der Stadt weist um die 220 Höhler aus. Höhler Nr. 188 wird heute museal genutzt.

Heinrich-Schütz-Tage in Bad Köstritz
Die Geburtsstadt des Altvaters der deutschen Musik, Bad Köstritz, lädt anläßlich des Geburtstages von Heinrich Schütz in der Zeit vom 01.10. - 15.10. zu Konzerten und anderen Veranstaltungen ein.

DEZEMBER

Weihnachtsmärkte in den Städten und allen größeren Ortschaften

Die genauen Termine sind bei den Tourist-Informationen zu erfragen.

Höhlerfest in Gera

Literaturhinweise/Autoren

Bildnachweis

Chritian Freund:
Frontispiz, S. 8, 13, 24, 47, 48, 49 oben, 53 unten, 54, 55, 56, 57, 58 unten, 60 oben links, 64 unten, 65, 67 oben, 75 unten

Frank Rüdiger:
S. 16 oben rechts, 20, 22, 25, 26, 27, 28, 29, 30, 38, 49 unten, 53 oben

Roland Dreßler:
S. 31, 77

Frank Schenke:
S. 5, 7, 16 oben links, 18, 19, 21, 32, 33, 34, 36/37, 39 oben, 40 oben rechts, 46, 50/51, 52, 58 oben, 59, 60 oben rechts, 66, 67 unten, 68 oben, 69, 70, 72/73, 74, 75 oben, 78

Günter Broßmann:
S. 12

Reinhard Mende:
S. 35

Hubert Fichtelmann:
S. 68 unten

Reußische Fürstenstraße e.V.:
S. 10, 14, 39 unten, 43, 44

Karten:
Kartographie Schefcik, Stuttgart

Literaturhinweise

Neben den Druckschriften der ortsansässigen Tourismusverbände sowie der Gemeinde- und Stadtverwaltungen waren auch nachstehende Publikationen hilfreich:

Baedeker Allianz Reiseführer „Deutschland." Verlag Karl Baedeker, Ostfildern 1998

Hans Herz: „Thüringen." Reihe „Blätter zur Landeskunde", Landeszentrale für politische Bildung, Erfurt 1998

Christie's-Katalog: „Die Sammlungen der Fürsten Reuß j.L." Offizieller Katalog der Auktion am 26. und 27. Mai 1998 in Gera

Hans Joachim Kessler: „Das thüringische Osterland." VHT Verlagshaus Thüringen, Erfurt 1996

Harald Saul: „Das Ostersteinkochbuch. Rezepte, Speisenfolgen und Tatsachen aus der Hofküche Schloß Osterstein zu Gera." Selbstverlag, Gera 1997

Günther Feuereißen: „Thüringen. Landschaften, Burgen, Städte." Gondrom Verlag, Bindlach 1991

Henri Stierlin: „Romanik." Benedikt Taschen Verlag, Reihe „Architektur der Welt", Köln, ohne Jahresangabe

Bernd Wurlitzer: „Erzgebirge/Vogtland." Marco Polo, Ostfildern 1996

Adolf Waas: „Der Mensch im deutschen Mittelalter. Könige, Ritter, Mönche, Bürger, Bauern." VMA-Verlag, Wiesbaden 1996

Hans Müller: „Thüringen. Reisen durch eine deutsche Kulturlandschaft." DuMont Kunst-Reiseführer, Köln 1994

Siegfried Mues/Klaus Brodale: „Stadtführer Gera." Gondrom Verlag, Bindlach 1995

Korrektur und Mitarbeit: Helga Reber, Mitarbeiterin des Vereins „Reußische Fürstenstraße", Greiz

Der Autor

Moritz Fahrner, in Sachsen geboren, ist auch heute noch als Autor und Journalist in dem östlichen Bundesland tätig. Freie Mitarbeit bei verschiedenen Zeitungen und Hörfunksendern, journalistische Arbeit für die FAZ und für andere Tageszeitungen

Die Fotografen

Für den Bildband wurde ein Team der besten Fotografen der Regionen beauftragt, so unter anderem Christian Freund, Frank Rüdiger und Frank Schenke. Die Bildautoren machten in der Vergangenheit durch hochwertige Publikationen, beeindruckende Ausstellungen und zahlreiche Medienpublikationen auf sich aufmerksam.